마크로비오틱 집밥 개정판을 내며

2013년 스튜디오를 이전하고 교류를 시작한 일본의 '국제식학협회(IFCA)'와, 그보다 훨씬 이전부터 교류했던 일본 CI협회, KIJ협회와의 인연이 계기가 되어 한국 마크로비오틱협회를 설립하게 되었습니다. 그리고 올해 3월부터는 '마크로비오틱 식생활지도사'라는 민간자격증 과정을 운영하고 있습니다. 마크로비오틱 관련 자격증으로서는 국내 최초가 되는데요, 한국에는 마크로비오틱의 이론과 실습을 겸비하여 가르치는 체계적인 교육기관이 아직 없습니다. 그래서인지 예상했던 것보다 훨씬 많은 분들이 자격증 과정을 신청해 주셨고 지금도 문의가 끊이지 않으면서 제가 집필한 저서에 대한 수요도 더 많아졌다는 사실을 알게 되었습니다.

개정판 이전의 《마크로비오틱 집밥》에는 동물성 식품이 들어간 조리법도 일부 선을 보였습니다. 출판 당시만 해도 아직 생소했던 마크로비오틱을 대중적으로 널리 알리기 위해서는 점차적인 접근이 필요하다는 판단에 내린 결정이었지요.

마크로비오틱 식사법 가이드라인을 보면 동물성 식품을 비롯하여 기본적으로 절대 먹어서 안 되는 음식이란 없습니다. 다만 그 음식의 질과 횟수가 중요합니다. 또한 비건 채식은 마크로비오틱의 실천 방법 중 하나일 뿐이랍니다. 그렇다고 해서 마크로비오틱을 대표하는 책에 동물성 식품이 들어간 요리를 소개하는 것은 다른 음식과의 경계성이 모호해질 수 있고 독자 분들의 오해의 소지가 있어, 동물성 식품이 들어간 메뉴를 수정하거나 새로운 메뉴로 변경하게 되었습니다.

마크로비오틱은 단순히 질병의 치유법이나 특정 부류의 식사법이 아닙니다. 현재 우리 이웃과 사회에서 함께 소통하고 살아가는 평범한 가정의 밥상에 건강과 행복의 선물을 더하고, 그것을 후세대에 대물려 주는 역할을 하는 것으로 생각합니다.

저는 앞으로도 한국의 고유한 음식문화와 음식의 지혜를 소중하게 담은 우리의 마크로비오틱을 전 세계에 알리려 합니다. 많은 응원 부탁합니다. 독자 여러분께서도 마크로비오틱 비건 채식을 통해 친환경적인 생활로 건강하시길 기원합니다.

이양지

Foreign Copyright:
Joonwon Lee
Address: 3F, 127, Yanghwa-ro, Mapo-gu, Seoul, Republic of Korea
3rd Floor
Telephone: 82-2-3142-4151, 82-10-4624-6629
E-mail: jwlee@cyber.co.kr

몸은 가벼워지고 면역력은 높아지는

마크로비오틱 집밥

2015. 9. 10. 최신 개정판 1쇄 발행
2022. 10. 21. 최신 개정판 5쇄 발행

지은이 | 이양지
펴낸이 | 최한숙
펴낸곳 | BM 성안북스
주소 | 04032 서울시 마포구 양화로 127 첨단빌딩 3층(출판기획 R&D 센터)
10881 경기도 파주시 문발로 112 파주 출판 문화도시(제작 및 물류)
전화 | 02) 3142-0036
031) 950-6378
팩스 | 031) 955-0510
등록 | 1978. 9. 18. 제406-1978-000001호
출판사 홈페이지 | **www.cyber.co.kr**
도서 문의 이메일 주소 | smkim@cyber.co.kr
ISBN | 978-89-7067-296-0 (13590)
정가 | 18,000원

이 책을 만든 사람들
책임 | 최옥현
진행 | 김상민
교정 · 교열 | 김은정
요리 어시스트 | 이형정
스타일링 | 김은정 어시스트 | 박현희
사진 | 권용상
협찬 | 썬데이마마
홍보 | 김계향, 유미나, 이준영, 정단비, 임태호
국제부 | 이선민, 조혜란
마케팅 | 구본철, 차정욱, 오영일, 나진호, 강호묵
마케팅 지원 | 장상범, 박지연
제작 | 김유석

이 책은 2012년 출간된 〈마크로비오틱 가정식〉, 2015년 출간된 〈마크로비오틱 건강한 집밥〉 책을 완전 채식으로 개정하여 펴낸 것입니다.

몸은 가벼워지고 면역력은 높아지는

마크로비오틱 집밥

이양지 지음

BM 성안북스

PROLOGUE

마크로비오틱 집밥을 소개하면서

제가 처음으로 마크로비오틱을 접하게 된 것은 14년 전 일본에서입니다. 일본에서 제과제빵 요리를 공부하던 시절, 건강에 심각한 위협을 느꼈습니다. 갑상샘 기능 항진증을 심하게 앓았고, 설탕 중독으로 단것을 먹지 않으면 쉽게 짜증과 화를 내고 성격까지 거칠어져 어머니께서 무척 걱정을 하셨지요. 처음에는 부모님 곁을 떠나 오랜 기간 혼자 생활하며 고생을 했더니 몸과 마음이 모두 아픈가 보다 하고 단순하게 생각했는데 건강이 점점 나빠졌어요. 그래서 여러 가지 건강에 관한 요리와 정보를 찾다가 장수 건강 섭생법인 '마크로비오틱'을 알게 됐습니다. 그제야 공부를 하면서 내게 일어난 건강의 적신호가 모두 잘못된 식생활에서 비롯됐다는 사실을 깨달았어요.

일본에서 혼자 생활하는 동안 한 끼 정도만 밥을 먹고 나머지는 포장 음식이나 군것질로 때우고, 빵과 케이크를 입에 달고 살았어요. 수업 중에 먹어대는 단 음식 외에도 맛있다고 소문난 제과점을 찾아다니면서 먹고 또 먹었지요. 아마도 한국에서 20년 넘게 살면서 먹은 설탕과 밀가루의 양보다 일본에서 불과 몇 년 동안 먹은 양이 훨씬 많았을 거예요. 이외에도 각종 인스턴트음식과 음료수를 습관처럼 먹어댄 것을 생각하면 지금도 오싹해집니다. 그동안의 잘못된 식습관을 깨닫고 그때까지 제가 배운 제과제빵과 요리에 '건강'을 접목하는 연구를 시작했어요. 그 결과 식생활을 점차적으로 변화시키고 습관화하자 건강을 되찾게 됐습니다.

하루 세 끼 현미밥과 된장국, 제철 채소 반찬 그리고 가끔 계절 생선 반찬을 기본식으로 하고, 간식은 고구마나 단호박, 감자, 옥수수, 밤, 누룽지와 같은 자연 간식으로 바꾸었어요. 그리고 오후 7시 이전에는 모든 식사를 끝내고, 가능한 한 제 시간에 규칙적으로 식사하는 습관을 들였어요. 물론 처음부터 완벽하게 바꾸기란 어려웠어요. 단것이 너무 먹고 싶을 때는 일주일에 한 번쯤 케이크 한 조각을 먹는다든지, 질 좋은 초콜릿을 한 조각 먹는다든지, 고기가 먹고 싶으면 일주일에 한두 번 정도 채소를 듬뿍 곁들인 고기 요리를 만들어 먹는 식으로 차츰 횟수를 줄여갔어요. 그렇게 3개월을 먹자 차츰 몸에 변화가 일어났습니다. 우선 피부가 맑아지고 갑상샘 약 때문에 생긴 변비가 사라졌어요. 그리고 식사와 식사 사이에 느끼는 공복감이나 허기가 심하지 않고, 무엇보다 단 음식이 별로 당기지 않는 것이 무척 신기했어요. 게다가 체중의 변화가 심해 다이어트를 반복했는데, 먹는 양이 조금 늘어도 체중에 변화가 일어나지 않아 더 이상 힘들게 다이어트를 할 필요도 없었죠. 한국에 들어와서 10년 넘게 자연요리연구가로 활동하면서 마크로비오틱을 우리 식으로 실천하고 있습니다. 일본에 있을 때는 하루 세 끼가 일식이었지만, 지금은 한식이 기본이에요. 일본에서는 맛볼 수 없는 향긋한 봄나물과 다양한 종류의 김치를 비롯한 전통 발효식품은 어렸을 때부터 즐겨 먹던 음식이고, 내가 한국인이라는 것을 새삼스레 느끼게 해줍니다. 그래서 지금 제 밥상에는 일본에서의 마크로비오틱 식단에는 없는 김치와 고추장을 사용한 요리가 오릅니다. 마크로비오틱의 '신토불이' 원칙에 입각하면 얼마나 자연스러운 일인가요! 슬로푸드의 본고장이 이탈리아라고 해서 이탤리언 요리를 즐기는 것이 슬로푸드를 실천하는 방법이 아닌 것처럼 마크로비오틱 역시 마찬가지예요. 마크로비오틱은 일본의 사쿠라자와 유키카즈 씨가 정립해 일본이 본고장이지만, 우리나라에 건너오면 우리 땅에서 나는 먹을거리로 우리 입맛에 맞는 전통 음식을 먹는 것이 기본이 됩니다. 단, 음식을 만들 때 마크로비오틱의 유익한 재료 손질법이나 조리법, 재료 간의 음양의 조화를 유념해 만들면 됩니다.

가끔 '건강식'은 맛이 없다고 오해하는 분이 계십니다. 하지만 마크로비오틱 식생활이 건강을 위해 꾹 참고 먹어야 하는 음식이었다면 이처럼 오랫동안 많은 이들의 지지를 받으며 올바른 식습관으로 자리 잡을 수 없었을 것입니다. 마크로비오틱의 최대 수혜자인 저는 이 좋은 섭생법을 국내에 처음으로 소개했으며 마크로비오틱을 우리 식으로 재해석해 자연요리전문가로 자리매김했습니다.

이런 이유로 실천 가능하고 맛있는 마크로비오틱 집밥을 여러분께 선보이게 됐습니다. PART 1에서는 우리 입맛에 친숙한 밥상의 기본이 되는 마크로비오틱 메뉴로 구성했어요. 구하기 쉬운 재료에 만드는 법도 간단하고 먹기에도 부담 없는 소박한 식단입니다. PART 2에서는 가끔 입의 호사를 누리고 싶은 주말이나 특별한 날 또는 누군가를 초대할 때 좋은 메뉴로 식단을 구성했어요. 마크로비오틱 식단도 이렇게 풍성하고 맛있다는 것을 알 수 있는 메뉴들이지요. PART 3에서는 사랑하는 아이들을 위한 마크로비오틱 식단을 소개했어요. 아이 때부터 최대한 자연에 가까운 맛에 길들여지면 몸도 마음도 건강한 아이로 자라게 됩니다.

이 책을 마무리하는 동안 국내 최대 인터넷 포털사이트의 사원들을 위한 단체 급식에 마크로비오틱을 접목하는 일을 하게 됐어요. 매우 흥미진진한 일이고, 실제로 이 책에 소개한 메뉴를 단체 급식 식단에 도입해 좋은 반응을 얻었습니다.

이 책과 함께 시작될 여러분의 마크로비오틱 집밥이 앞으로 나와 이웃, 지구 환경, 그리고 다음 세대에 물려줄 수 있는 지속 가능한 좋은 먹을거리를 추구하는데 일익을 담당하게 되리라 믿습니다.

CONTENTS

PART1
마크로비오틱 집밥 한식 세트

취나물쌈밥,
감자곤약조림,
막걸리에 볶은 묵은지,
계절 과일

현미보리밥,
감자미역된장국,
브로콜리두부소스무침,
셀러리곤약볶음

수삼감자기장죽,
두부완자구이조림

현미밥, 마크로된장찌개,
가지강정,
호두두부그린샐러드

현미죽,
데친 채소 부추소스,
우엉과 표고기둥조림

가지구이라이스롤,
감자와 자색고구마
샐러드, 논슈거피클

PART2

마크로비오틱 집밥 브런치 세트

PART3
아이들을 위한 마크로비오틱 집밥 한 접시

Set 28

Set 29

Set 30

Set 31

Set 32

Set 33

내 몸에 작은 치유의 기적을 일으키는 마크로비오틱 집밥

마크로비오틱! 어디선가 한번쯤 들어본 분도 있을 것입니다. 몇 해 전 드라마에서 한 배우의 직업이 마크로비오틱 요리연구가로 등장하기도 했지요. 마크로비오틱은 세 가지 단어로 이루어져 있는데 '마크로(macro)'란 '큰, 긴'이라는 의미이고, '비오(bio)'란 바이오 즉, 생명을 일컬으며, '틱(tic)'은 '술(術), 학(學)'을 말합니다. 이 세 가지 단어를 합치면 결국 '장수를 위한 이론과 방법'이란 뜻이 됩니다. 그리고 이것은 '큰 시야로 생명을 보는 학문'임을 의미합니다.

마크로비오틱에는 신토불이(身土不二)와 일물전체(一物全体)라는 2가지 원칙이 있어요. 신토불이는 자신이 사는 곳에서 제철에 나는 음식을 먹어야 한다는 의미입니다. 일물전체는 하나의 음식을 통째 먹는 것으로, 어떤 음식이든 껍질이나 뿌리, 씨, 열매, 잎 등을 버리는 부분 없이 통째로 먹어 식품 고유의 에너지를 섭취하는 것이에요.

곡물류는 가능한 깎지 않은 현미를 권장하고, 엽채류는 줄기나 뿌리까지 잘 활용해서 먹고, 근채류는 깨끗이 씻어 껍질과 잎을 버리지 않고 모두 먹는 것이 좋아요. 생선의 경우 작은 생선을 통째로 먹는 것이 좋고, 반대로 말하면 통째로 먹을 수 없는 동물이나 생선은 가급적 피하는 것이 좋다는 의미입니다.

마크로비오틱 실천의 기본은 '食'이에요. 동물성 식품, 특히 육고기는 거의 먹지 않고 무농약이나 자연 농법으로 기른 곡물과 채소를 중심으로 한 식사를 말해요. 채소는 원칙적으로 그곳 사람들이 사는 곳의 토지와 그 계절에 수확하는 것을 중심으로 먹도록 합니다.

건강한 식재료와 자연에 가까운 먹을거리로 내 몸의 건강을 위해 '식생활을 바꾸고 싶다'면 지금부터 마크로비오틱 식생활을 시작해 보세요. 분명 일상생활 속에서 작은 치유의 기적을 경험하게 될 것입니다.

'나' 그리고 '지구'를 치유하는 마크로비오틱 집밥

마크로비오틱은 개인의 심신 정화와 장수를 위한 것도 있지만, 보다 더 큰 이유는 우리가 살고 있는 지구의 건강과 장수에 매우 유익하기 때문이에요. 바꿔 말하면 '친환경적'이라는 말과 일맥상통해요. 마크로비오틱은 자신의 생명 연장이나 건강을 영위하는데 그치지 않고, 오히려 그를 위해서 필연적으로 사회와 환경, 그 밖의 생명을 포함하는 거시적인 시야를 갖게 합니다.

육식의 지나친 섭취와 생활습관병과의 관계는 외국에서는 매우 오래전부터 문제로 지적받았어요. 이것은 어떻게 보면 각 개인에게 미치는 영향으로 볼 수 있지만 보다 넓은 시야로 보면 가축에게 먹이는 어마어마한 양의 곡물을 인간이 먹을 수 있도록 하면 지구상의 기아 문제에 하나의 해결책이 될 수도 있어요. 또한 농약이나 화학비료를 사용하지 않고 재배한 채소와 곡물이 사람의 몸에 좋을 뿐만 아니라 토지에도 자연의 힘을 빌린 농업이 지구 환경의 정화와 연결된다는 사실도 아주 중요합니다. 기본적으로 자신이 살고 있는 땅에서 재배된 것을 먹으면 운송에 사용되는 에너지를 절약할 수 있는 것은 물론이지요. 지구의 환경이 나아지면 지구상의 모든 생명체는 더욱 건강해집니다. 다시 말해 오늘 우리의 올바른 식생활 실천은 지구를 치유하는 일이기도 합니다.

마크로비오틱 집밥을 해야 하는 이유

신체적 측면

- 건강을 유지하고 체력을 강화할 수 있다.
- 고운 피부로 가꿔주고 자연스레 건강한 다이어트가 된다.
- 숙면을 취할 수 있다.
- 체질이 개선된다.
- 생활습관병을 예방하고 노화 현상을 완화한다.

정신적 측면

- 기분이 밝아지고 스트레스가 줄어든다.
- 정신력이 강해지고 기력이 좋아진다.
- 나쁜 생활 습관이 개선된다.

사회적 측면

- 자연 농법을 통해 토지를 정화함으로써 지구를 건강하게 만든다.
- 사물을 거시적으로 보는 사람이 늘어남으로써 사회 환경이 개선된다.

우리 몸의 균형을 지켜주는 마크로비오틱 집밥

사람의 건강이나 성격, 더 나아가 자연환경이나 정치·경제에 이르기까지 음이나 양 어느 쪽으로도 치우치지 않고 두 개의 성질이 적당한 비율로 유지되면 그것은 음양의 균형이 조화를 이뤄 평온하고 여유 있는 상태라는 의미예요. 이렇게 사물을 적정한 상태로 유지하기 위해서는 '음양의 균형'이 중요합니다. 그것은 곧 자연의 섭리나 우주의 질서와 조화롭게 위치해 있어야 가능하죠. 그 반면에 단순히 '좋다, 나쁘다'라고 생각하는 것은 원래의 조화를 깨뜨리는 일이에요.

우리 몸속에는 여러 가지 성분이 각자의 역할을 수행하고 있어요. 그런데 섭취하는 음식의 성분 비율이 체내의 그것과 너무 멀어져 있으면 일정하게 균형을 잡는 일이 어려워져요. 극음성인 음식이나 극양성인 음식은 가급적 멀리하고 평소 일정 범위 내의 음식을 먹으면 몸과 마음도 균형을 유지해 평온한 상태가 됩니다.

그래서 평소에 균형 잡힌 식사로 튼튼한 몸과 마음을 유지하면 가끔 강한 음식을 먹거나 감정의 변화가 커도 즉시 바로잡을 수 있어요. 하지만 몸과 마음이 끝에서 끝으로 치달으면 점점 체력이 소모되고 병에 대한 치유력도 없어지게 돼요. 그렇기에 더욱 우리 몸의 조화를 유지하기 위해서라도 마크로비오틱 집밥을 권장하는 것입니다.

실제로 모든 음식에는 음성과 양성이 있으며 두 가지 성질이 얽혀 있어요. 음성과 양성인 음식을 제외한 중용에 가까운 음식을 먹으면 자연스럽게 몸과 마음에 균형이 잡힙니다. 곡류 중 현미, 수수, 조, 보리, 메밀 등은 중용에 가까운 음식이므로 적극적으

마크로비오틱 집밥의 음양 조화

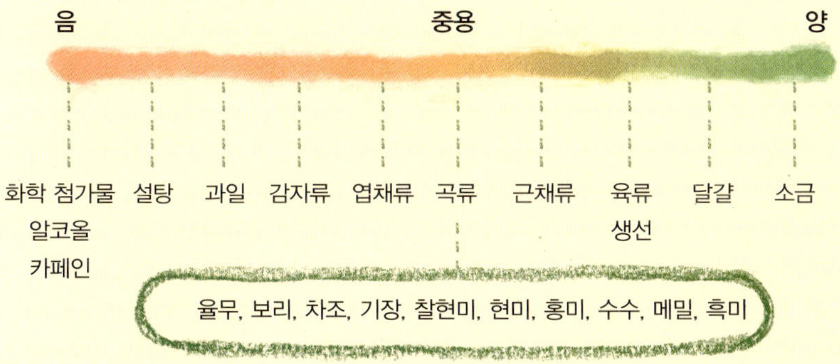

마크로비오틱은 음식의 氣(Energy)를 중용에 가깝게 다스리는 것

로 섭취하는 것이 좋아요. 또한 무, 연근, 단호박, 배추, 시금치류, 미역, 다시마, 톳, 김 등의 해조류와 깨, 호두, 잣 등의 견과류도 중용에 가까운 것들이에요.

그렇다고 너무 음양론에 빠져서는 안 돼요. "이것은 음일까? 양일까?"라는 생각에 집착해 사고의 유연성을 떨어트리는 일은 조심해야 합니다. 중요한 것은 자연의 섭리에 따라서 생장하는 토지의 체철 음식을, 일정 범위 내에서 먹는 것이 음양의 균형을 지키는 올바른 길입니다.

평생 건강 다이어트식 마크로비오틱 집밥

마크로비오틱 집밥에서는 주식으로 현미를 비롯한 곡물류를 권장해요. 거기에 유기농 채소와 천연 조미료 사용, 견과류, 해초, 두부 및 콩류를 섭취해 몸의 균형을 유지하는 것을 중요하게 여기지요. 특히 현미를 주식으로 하기 때문에 백미를 먹을 때보다 소량만 먹어도 포만감을 느끼기 때문에 소식하게 돼요. 이렇게 마크로비오틱 집밥을 실천하면 몸의 균형과 함께 천천히 살이 빠지는 다이어트 효과를 경험하게 됩니다.

마크로비오틱 집밥이 습관이 되면 몸이 건강해짐은 물론 어느 순간부터 자연스레 살이 잘 찌지 않는 체질로 바뀌게 됩니다.

결론적으로 마크로비오틱 집밥이란 우리 신체와 생활에 자연적인 조화와 균형을 가져다 주는 식사법으로, 우리 땅에서 나는 제철 식품을 먹는 것입니다. 또한 주식과 부식을 구별하고 음과 양에 치우치지 않는 중용에 가까운 조화로운 식단을 구성해 섭취하는 것이라고 할 수 있습니다.

마크로비오틱 집밥에서 실천할 것들

마크로비오틱 집밥을 실천하는데 있어 가장 기본은 육식을 멀리하고 무농약이나 유기농법으로 재배한 곡류와 채소를 중심으로 밥상을 차리는 거예요.
마크로비오틱 식단의 기본 구성은 다음과 같아요. 주식인 곡류가 40~60%, 부식으로 채소류가 차지하는 비율이 20~30%, 5~10%가 두류 그리고, 나머지 5~10%가 어패류를 중심으로 한 동물성 식품이 차지해요.

마크로비오틱 요리는 음식을 가장 적절한 요리법으로 영양분 손실을 최소화하면서 식재료 본래의 맛을 살리는데 포인트가 있어요.

곡류의 경우 껍질이 붙어 있는 것이 좋아요. 사실 백미는 생명이 없는 음식이에요. 반면 도정하지 않은 현미에는 생명력이 가득하지요. 현미에는 백미에 비해 식이섬유가 9배나 많이 들어 있어 변비 해소와 함께 불필요한 콜레스테롤이나 당분을 배설하는 작용을 하고 칼륨은 백미의 4배, 마그네슘은 12배나 들어 있으며 미네랄과 비타민도 풍부하답니다. 그렇기 때문에 우리는 현미를 먹어야 해요. 현미뿐만 아니라 중용에 가까운 수수, 조, 보리, 메밀 등도 적극적으로 섭취해야 하고요. 마크로비오틱 집밥에서는 이런 곡류를 이용한 음식을 많이 선보이고 있어요.

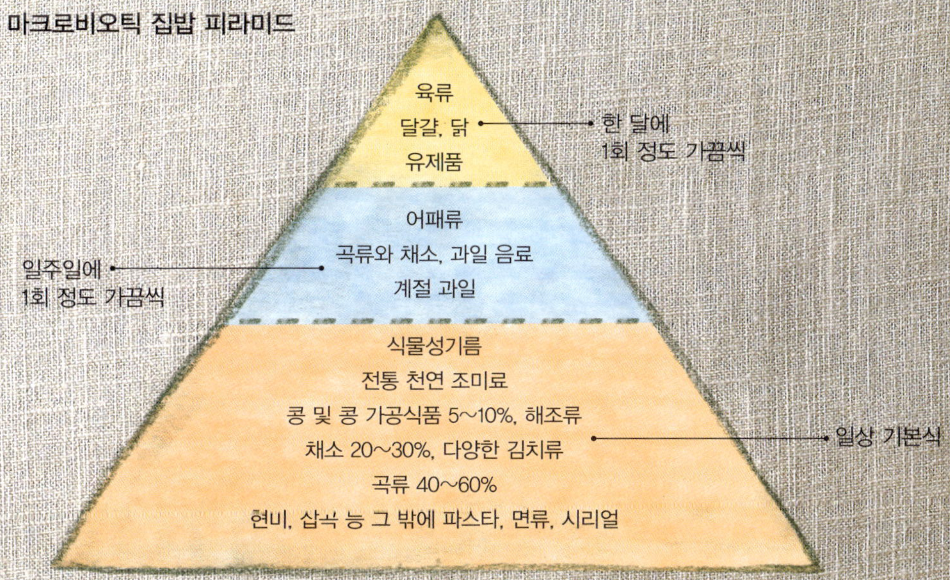
마크로비오틱 집밥 피라미드
육류
달걀, 닭
유제품
한 달에
1회 정도 가끔씩
어패류
곡류와 채소, 과일 음료
계절 과일
일주일에
1회 정도 가끔씩
식물성기름
전통 천연 조미료
콩 및 콩 가공식품 5~10%, 해조류
채소 20~30%, 다양한 김치류
곡류 40~60%
현미, 잡곡 등 그 밖에 파스타, 면류, 시리얼
일상 기본식

MARKET&B
BIRMINGHA

채소는 가급적 제철 유기농 채소를 구입해 깨끗이 씻은 다음 뿌리, 껍질, 잎 까지 모두 먹는 게 좋아요. 제철 채소는 그 계절의 태양과 공기, 흙의 에너지를 담뿍 담고 있으므로 영양가와 맛이 가장 좋아요.

근대, 참나물, 미나리, 상추 등 길이가 길고 잎이 위로 퍼지며 수분이 많으며 향이 강한 채소는 길이가 짧고 잎이 딱딱한 양배추와 같은 채소보다는 음성이 강하답니다. 땅 위나 땅 밑 부근에서 자라는 양파, 감자, 단호박, 배추, 브로콜리와 같은 둥근 모양을 가진 채소는 음과 양 양쪽의 에너지를 균형 있게 가지고 있어 중용에 가까운 채소예요. 그러나 각각의 채소들 중에서도 품종이나 수확 시기에 따라 음과 양이 강하거나 약할 수 있어요.

예를 들어 재래종 배추는 양배추보다는 수분이 많고 잎이 길기 때문에 음성이 강하고, 양파는 봄에 나오는 햇양파가 부드럽고 수분이 많아 그렇지 않은 것보다 음성이 강하며, 수분이 많고 몸통이 큰 단호박보다 국산 품종의 작고 탄탄한 단호박이 보다 양성이 강해요.

오이와 가지, 애호박은 수분이 많고 육질이 부드러운 여름이 제철인 채소로 음성이 강하고, 수분이 많은 토마토는 보다 육질이 단단하고 수분이 적은 파프리카보다 음성이 강하답니다.

근채류인 고구마, 우엉, 당근, 연근, 무는 음양의 법칙에서 양성에 가까워요. 좋은 혈액을 만드는 재료가 되며, 땅의 에너지가 집결된 식품으로 강한 양성이 뿌리에 들어 있지만 강한 알칼리성(음성) 성분으로 대사를 촉진하고 몸속의 노폐물과 독소를 배출해 내주지요. 근채류는 인간의 발에 해당하며 하반신을 튼튼하게 해주고, 껍질은 인간의 피부에 해당하므로 껍질을 벗기지 않고 먹으면 피부가 튼튼해집니다.

건채류인 건표고버섯, 무말랭이, 말린 나물류 등은 태양과 바람의 기운을 품고 있기 때문에 자연의 에너지가 가득합니다. 또한 말리는 과정에서 수분이 증발해 맛과 영양 성분이 응축되어 있어요. 이렇게 음성 식재료를 말리는 것은 양의 성질을 더해 중용에 가깝게 해준답니다.

해조류인 미역, 다시마, 톳, 김에는 알칼리성 미네랄 성분과 섬유질, 비타민, 요오드 등의 유효 성분이 풍부하게 들어 있어요. 따라서 생활습관병의 예방, 정장 작용, 방사선이나 중금속의 배출, 암세포의 증식 완화 작용 등에 좋아요.

두유와 두부는 마크로비오틱 식단에서 빼놓을 수 없는 식재료예요. 두부에는 두뇌 발달에 좋은 양질의 식물성 단백질과 몸에 좋은 필수 지방산이 풍부해 생활습관병 예방에 아주 좋아요.

마크로비오틱 집밥 한식 세트

SET 1 현미죽쑥갓무침올림, 마전

SET 2 참나물두부볶음밥, 콩나물국

SET 3 완두콩현미밥, 시금치고구마수프, 깻잎순나물, 양배추롤김치

SET 4 현미밥 & 깨소금, 연두부찌개, 김구이

SET 5 취나물쌈밥, 감자곤약조림, 막걸리에 볶은 묵은지, 계절 과일

SET 6 현미보리밥, 감자미역된장국, 브로콜리두부소스무침, 셀러리곤약볶음

SET 7 수삼감자기장죽, 두부완자구이조림

SET 8 현미밥, 마크로된장찌개, 가지강정, 호두두부그린샐러드

SET 9 현미죽, 데친 채소 부추소스, 우엉과 표고기둥조림

SET 10 가지구이라이스롤, 감자와 자색고구마 샐러드, 논슈거피클

SET 11 노란콩톳밥, 매콤한 오이냉국, 우엉깨즙무침, 구운두부와 적양파샐러드

SET 12 감자와 풋콩 레몬마리네이드, 무와 당근 밥수프

SET 13 버섯견과영양밥, 무청시래기뚝배기, 올방개묵회

SET 14 말린 채소 한입 김밥, 아욱국, 연두부냉채

SET 15 쑥갓강낭콩현미주먹밥, 아삭이고추 두부된장무침, 애호박볶음

PART1

마크로비오틱 한식 집밥 세트에서는 우리 입맛에 친숙한 밥상의 기본이 되는 한식을 마크로비오틱으로 해석해 메뉴를 구성했어요. 구하기 쉬운 재료를 이용해 만드는 법도 간단히고 먹기에도 부담 없는 소박한 식단입니다. 마크로비오틱을 소박하게 즐기고 싶은 분들께 추천합니다.

SET 1

현미죽 쑥갓무침올림 + 마전

입이 메말라 있는 아침에는 거친 현미밥이 썩 끌리지 않을 때가 많습니다. 그럴 때 만만한 것이 현미죽이죠. 이 레서피에서는 쌀에 물을 부어 끓이는 레서피를 소개했지만, 정작은 남은 현미밥에 물을 부어 끓이기만 하면 간편하게 조리가 끝나기 때문에 평소에 즐겨 먹습니다. 죽을 맛있게 먹으려면 죽에 어울리는 반찬이 있어야겠죠. 그럴 때는 죽과 따로따로 먹어도, 죽과 섞어 먹어도 맛있는 심플한 맛의 나물무침이 제격이더라고요. 죽과 잘 어울리는 나물을 꼽으라면 콩나물이나 숙주나물이 맛있는 것 같아요. 봄에는 냉이를 된장에 무친 것을 죽과 함께 곁들여 먹으면 영양 면에서도, 맛도 그만이에요. 여기서는 고소하고 담백하게 쑥갓 무침을 올려봤어요. 쑥갓의 은은한 향과 맛이 현미죽을 더욱 맛있게 만들더군요.

1

2-1

현미죽쑥갓무침올림

기본 재료 ★ 현미멥쌀 1컵, 물 5컵, 천일염 조금, 쑥갓무침(쑥갓 120g, 거칠게 다진 마늘 1쪽, 간장 1작은술, 마크로 통깨 소금 1/2큰술, 참기름 1/2작은술)

1 현미멥쌀을 씻어 물을 붓고 천일염을 조금 넣어 끓인다. 바닥이 눋지 않도록 가끔씩 저어주되 너무 저으면 끈기가 많이 나오므로 주의할 것!

2 쑥갓은 끓는 물에 천일염(분량 외)을 조금 넣고 살짝 데친 다음 냉수에 건진 후 물기를 짠 뒤 3cm 길이로 썬다.

3 ②의 쑥갓을 쑥갓무침 재료와 함께 조물조물 무쳐서 현미죽에 올려 먹는다.

1

2

마전

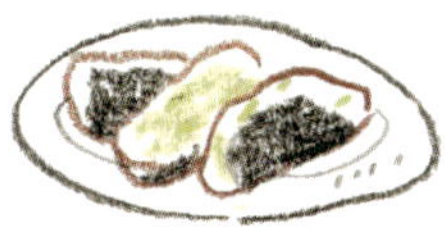

기본 재료 ★ 마(7cm 길이) 한 토막, 김(김밥용) 1/2장, 우리밀 밀가루 3큰술,

양념 (간장·청주·조청 1큰술씩), 참기름·현미유 1/2큰술씩, 통깨 조금

1 마는 강판에 곱게 갈아 우리밀 밀가루와 섞는다.

2 팬에 참기름과 현미유를 같이 두른 다음 달궈지면 김을 올리고 ①의 반죽을 김 위에 얹는다.

3 볼에 분량의 양념 재료를 한데 넣고 고루 섞는다.

4 ②의 김 밑면이 바삭하게 구워지면 뒤집어서 약간 노르스름하게 굽고 a를 끼얹어 맛을 배게 한 다음 불에서 내리고 통깨를 뿌린다.

tip 음의 기운이 강한 마에 열을 가해 익혀 먹는 방법은 양의 기운을 더해 중용에 가깝게 조리하기 위함입니다.

SET 2

참나물두부볶음밥 + 콩나물국

우리 집 점심 메뉴로 자주 만들어 먹는 것 중에 하나가 바로 이 참나물두부볶음밥입니다. 참나물 대신에 그때그때 제철에 나오는 나물을 넣을 때도 있지만 꼭 두부를 넣어 보슬보슬하게 볶은 다음 나중에 현미밥과 함께 섞어요. 밥까지 기름에 볶으면 너무 기름지잖아요. 그래서 저는 볶음밥을 할 때 부재료만 따로 볶고 나중에 밥을 섞는 볶음+비빔밥을 해먹는답니다. 곁들이는 국으로는 맛이 깔끔하고 시원한 콩나물국이나 슴슴하게 끓인 된장국이 잘 어울려요.

참나물두부볶음밥

기본 재료 ★ 현미밥 2공기, 참나물 20줄기, 두부 1/2모, 거칠게 다진 마늘 1쪽, 참기름 1큰술, 청주 1큰술, 간장 1큰술, 통깨 1큰술, 천일염 조금, 방울토마토 2개(장식용)

손질한 참나물은 1cm 길이로 송송 썬다. 팬에 참기름을 두르고 마늘을 넣어 약한 불에서 볶다가 두부를 손으로 작게 뜯어 넣고 보슬보슬해질 때까지 볶은 다음 송송 썬 참나물을 넣어 센 불에서 재빠르게 볶다가 청주와 간장을 넣어 간을 맞춘다. 여기에 뜨거운 현미밥을 넣어 주걱으로 고르게 섞은 다음 통깨를 뿌리고 너무 심심하다 싶으면 천일염으로 간을 맞추고 방울토마토를 잘라 보기 좋게 담아낸다.

공나물국

기본 재료 ★ 콩나물 150g, 청양고추 1개, 대파(5cm 길이) 1대, 다진 마늘 1/2작은술, 대파 뿌리(있으면) 1대 분량, 소금 조금, 물 2컵

냄비에 물을 부은 다음 콩나물과 대파 뿌리를 넣어 뚜껑을 닫고 콩나물이 익을 때까지 팔팔 끓인 다음 대파 뿌리를 건져내고 송송 썬 청양고추와 어슷 썬 대파, 다진 마늘을 넣고 소금으로 간을 맞춘다.

tip 대파를 손질할 때 뿌리를 버리지 말고 모아뒀다가 국을 끓이는 밑국물 재료로 사용하면 국물이 개운해져요.

SET 3

완두콩현미밥
+
시금치고구마수프
+
깻잎순나물
+
양배추롤김치

콩꼬투리의 풋풋함이 봄을 알려주는 신호탄 같아 완두콩을 참 좋아합니다. 완두콩이 나오는 철이면 날을 잡아 콩꼬투리째 한 자루 가득 사서 콩을 깝니다. 밥에 넣어 먹기도 하고 남은 것은 그대로 밀폐용기에 넣어 냉동실에 보관하면 그 해 내내 요긴하게 사용할 수 있지요. 시금치고구마수프는 의외로 완두콩현미밥과 잘 맞는 궁합이랍니다. 푸릇한 완두콩밥에 된장으로 깊은 맛을 살린 수프라 서로 잘 어울리지요. 거기에 담백한 깻잎순나물과 물김치처럼 시원하게 담근 양배추롤김치를 곁들이면 더 이상의 반찬이 필요 없는 정갈한 밥상이 됩니다.

완두콩현미밥 만들기

기본 재료 ★ 현미멥쌀 1컵, 천일염 조금, 물 1 1/3~ 1 1/2컵, 완두콩 4큰술

현미멥쌀을 씻어 체에 밭쳐 물기를 빼고 밥솥에 앉힌 다음 물과 천일염을 넣어 섞은 후 완두콩을 넣어 밥을 짓는다.

2-1

2-2

3-2

4

시금치고구마수프

기본 재료 ★ 시금치 50g, 고구마(큰 것) 1개(약 200g), 양파 1/4개, 다시마 국물 3컵, 된장 1작은술, 무가당 두유 1/4컵, 천일염 · 들깻가루 녹말가루 · 식물성유 조금씩

1 고구마는 껍질째 깨끗이 씻어 한 입 크기보다 조금 작게 썰고, 양파는 사방 1cm 크기로 네모지게 썬다.

2 냄비에 양파를 넣고 천일염을 조금 뿌려 두어 물기가 배어나오면 그 수분으로 숨이 죽을 때까지 볶다가 고구마를 넣은 다음 다시마 국물을 부어 고구마가 푹 익을 때까지 끓인다.

3 ②의 냄비에 시금치를 넣고 끓인 다음 전부 뜨거울 때 믹서에 넣고 곱게 간다.

4 ③을 냄비에 다시 붓고 된장을 고루 푼 다음 두유를 넣어 한소끔 끓으면 천일염으로 간을 맞춘 뒤 그릇에 담고 들깻가루를 뿌린다.

tip 양의 기운이 강한 고구마와 음의 기운이 강한 시금치와의 조합이 잘 어우러진 수프입니다.

깻잎순나물

기본 재료 ★ 깻잎순 한 줌(약 200g), 홍고추 1/2개, 조선간장 1/2큰술, 들기름 1/2큰술, 다진 마늘 1작은술, 청주 2큰술, 현미유 조금

1 깻잎순은 다듬어 씻은 다음 끓는 물에 살짝 데쳐(넣어서 가라앉으면 바로) 냉수에 건지고 물기를 살짝 짜서 먹기 좋게 썬다.

2 홍고추는 씨를 빼고 채를 썬다.

3 프라이팬에 현미유와 다진 마늘을 넣어 살짝 볶다가 ①을 넣고 볶는다.

4 청주와 조선간장을 넣어 섞고 홍고추도 넣어서 뚜껑 닫고 3분 정도 끓인 뒤 불에서 내리고 들기름을 뿌린다.

1

3-1

3-2

tip 여름에 향이 좋은 어린 깻잎순이나 고춧잎으로 만들면 맛있어요.

양배추롤김치(만들기 쉬운 분량= 1/10이 약 1인분)

기본 재료 ★ 양배추 1통, 무(4~5cm 길이) 1토막, 당근 1/4개, 배 1/2개, 깻잎5장, 굵은소금 3큰술, 물 6컵, 풀국(밀가루 2/3큰술, 물 4컵), 황설탕 1/2큰술, 천일염 1/2큰술, 송송 썬 홍고추 조금

1 양배추는 잎을 뜯어 굵은소금을 탄 물에 30분 정도 담가 숨을 죽인다.

2 무는 곱게 채 썰어 천일염으로 간한 뒤 수분이 배어나오면 물기를 꼭 짠 다음 곱게 채 썬 당근과 배, 깻잎과 함께 섞어둔다.

3 냄비에 물을 붓고 밀가루가 엉기지 않도록 고루 푼 다음 중간 불에서 저어가며 끓여 말간 풀국을 쑤어 식히고 황설탕과 천일염으로 간을 맞춘다.

4 ①의 양배추를 건져 물에 한번 씻어 물기를 짜고 한 장씩 넓게 편 다음 ②의 소를 조금씩 얹어 돌돌 말아 용기에 차곡차곡 담는다.

5 ④의 양배추 롤에 ③의 풀국을 붓고 홍고추를 뿌린 후 상온에서 3일 정도 숙성한 뒤 적당한 크기로 썰어 먹는다.

1

2

4

tip 묵은 김치에 질릴 즈음, 양배추가 특히 맛있는 봄철에 담가 먹으면 맛있어요.

SET 4

현미밥 & 깨소금
+
연두부찌개
+
김구이

마크로비오틱의 기본 재료에 들어가는 깨소금은 현미밥의 단짝 친구라고 할 수 있습니다. 지방분이 많아 산화하기 쉬운 깨를 소금으로 코팅하여 산화를 막아주는 동시에 현미의 소화와 영양 흡수율을 높여주는 역할을 합니다. 김밥이나 주먹밥을 만들 때 밥에 섞어 맛을 내기도 하고 그냥 현미밥 위에 솔솔 뿌려 먹어도 좋습니다. 그뿐만 아니라 제철 나물을 무칠 때 이 깨소금과 참기름, 혹은 들기름만으로 무치면 채소 본연의 맛이 제대로 살아납니다. 제시한 분량 정도를 만들어 밀폐용기에 담아 냉장고에 넣어 보관하세요. 이 식단은 깨소금을 솔솔 뿌린 현미밥에 맛이 깔끔한 연두부찌개를 곁들이고 고소하게 구운 김구이를 올린 소박한 것이지만 천천히 식사를 즐기는 사이에 기분 좋은 만족감을 느끼실 수 있을 거예요.

현미밥&깨소금(만들기 쉬운 분량)

기본 재료 ★ 기본 현미밥 만들기 참조(현미밥 2공기), 참깨소금(참깨 9큰술, 천일염 1작은술), 검은깨소금(검은깨 9큰술, 천일염 1큰술)

천일염을 바닥이 두꺼운 팬에 넣고 색이 연하게 나면서 보슬보슬해질 때까지 약한 불에서 볶은 다음 천일염이 뜨거울 때 절구에 넣고 힘을 주어 곱게 빻는다.
팬에 참깨 혹은 검은깨를 넣고 약한 불에서 깨가 몇 번 톡톡 튈 때까지 팬을 흔들어가며 볶은 후 깨가 뜨거울 때 천일염을 빻아 놓은 절구에 넣고 힘을 주지 않고 자연스레 소금과 섞이도록 열기가 가실 때까지 빻으면서 섞어준다.

연두부찌개

기본 재료 ★ 연두부(또는 순두부) 1모, 애호박 1/3개, 송송 썬 쪽파 2큰술, 송송 썬 홍고추 1작은술, 장국용 다시마(5×10cm 길이) 1조각, 천일염 조금

냄비에 물 1컵과 장국용 다시마를 넣어 다시마가 푹 퍼지도록 미리 불린 후 불에 올려 약한 불에서 끓으면 다시마를 건져내 가늘게 채 썬다. 여기에 연두부를 숟가락으로 큼직하게 떠 넣고 얇은 반달꼴로 썬 애호박을 넣어 한소끔 끓인 다음 천일염을 넣어 간을 맞춘다. 채 썬 다시마, 쪽파와 홍고추를 넣은 다음 한번 더 우르르 끓인 후 불에서 내린다.

tip 애호박보다 둥근 호박을 숭덩숭덩 썰어 끓이면 더욱 맛있어요.

SET 5

취나물쌈밥
+
감자곤약조림
+
막걸리에 볶은 묵은지
+
계절 과일

날씨가 화창한 봄이나 가을날에 종일 집 안에 있을라치면 왜 그리도 속상한지요. 저녁 무렵쯤 되면 '간단하게 도시락이라도 싸서 가까운 공원에라도 나갈걸?' 하고 후회하곤 합니다. 도시락이래 봐야 따로 특별한 요리를 만들 필요 없이 현미밥과 냉장고에 있는 밑반찬을 꺼내 통에 이리저리 담으면 그야말로 번잡스럽지 않은 마크로비오틱적인 즐거움을 누리는 것이겠지요. 이번 식단은 취나물 중에서도 잎이 널찍하고 향이 일품인 곰취에 현미밥을 싸고, 밑반찬으로 만들어 둔 감자곤약조림, 푹 익어 잘 삭은 묵은지를 막걸리에 달달 볶아 도시락에 넣어 보았습니다. 군침 도는 도시락이죠?

3-1

3-2

3-3

tip 호박잎으로 쌈을 싸도 맛있어요.

취나물쌈밥

기본 재료 ★ 취나물(곰취) 10장, 현미밥 2공기, 호두된장양념(된장 2 1/2큰술, 곱게 으깬 두부 1/4모 분량, 다진 호두 1 1/2큰술, 다진 파 1/2큰술, 올리고당 1작은술, 들기름 1/2큰술)

1 취나물은 끓는 물에 천일염을 조금 넣고 살짝 데친 다음 냉수에 건져 물기를 꼭 짠 후 굵은 줄기 부분은 잘라내어 잘게 썬다.

2 볼에 ①의 잘게 썬 취나물 줄기와 호두된장양념 재료를 고루 섞는다.

3 데친 ①의 취나물을 도마 위에 펼친 다음 두 숟가락 정도의 현미밥을 덜어 손으로 꾹꾹 눌러 납작하게 편 다음 ②의 양념을 얹고 원통형으로 감싼다.

감자곤약조림

기본 재료 ★ 감자 2개, 곤약 100g, 장국용 다시마(5×5cm 길이) 1조각, 건표고 1장, 물 1컵, 조청 2큰술, 간장 2 1/2큰술

1 감자는 껍질을 깎고 2cm 크기로 깍둑 썬다.

2 곤약은 1cm 크기로 깍둑 썰어 끓는 물에 데치고 물에 헹궈 군내를 없앤다.

3 장국용 다시마는 가위로 가늘게 자르고 건표고는 손으로 잘게 뜯어 둔다.

4 냄비에 곤약과 장국용 다시마, 건표고, 물, 조청, 간장을 넣고 뚜껑 닫아 10분 정도 조린다.

5 ③의 감자를 넣어 뚜껑을 열고 조림장이 졸아들고 감자가 익을 때까지 조린다.

1·2

3

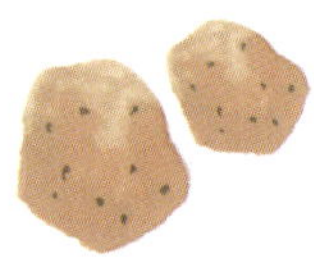

tip 감자는 싹과 껍질에 독성분이 있어 햇감자 외에는 껍질을 벗겨 사용합니다.

막걸리에 볶은 묵은지

기본 재료 ★ 속 양념을 털어 씻어 3cm 너비로 썬 묵은 배추김치 1컵, 막걸리 4큰술, 들기름 1큰술

팬을 달군 다음 큼직하게 썬 묵은 배추김치와 막걸리를 넣고 약한 불에서 달달 볶다가 수분이 바특하게 졸아들면 들기름을 넣어 한번 더 살짝 볶은 후 불에서 내린다.

tip 막걸리에 묵은지를 졸이듯이 볶으면 묵은지 특유의 군내가 없어지고 달큰한 맛이 살아나요.

SET 6

현미보리밥
+
감자미역된장국
+
브로콜리두부소스무침
+
셀러리곤약볶음

저는 봄에서 여름까지 현미보리밥 짓는 것을 참 좋아해요. 탱글탱글 씹히는 보리의 식감이 입을 심심하지 않게 해주지요. 곡물의 음양으로 보리를 살펴보면 현미에 비해 차가운 성질을 지니고 있습니다. 그래서 겨울철보다는 여름에 즐기는 것이 좋아요. 보리밥을 가장 맛있게 먹는 방법은 갖은 나물을 넣고 고추장에 쓱쓱 비벼먹는 것이죠. 또 일본식으로 즐기자면 마를 갈아서 올려 먹으면 제격이고요. 이번 세트 메뉴에서는 된장국과 채소 반찬 두 가지를 곁들여 봤습니다. 소박한 점심으로 즐기면 좋을 것 같습니다.

현미보리밥

기본 재료 ★ 현미멥쌀 2/3컵, 보리 1/3컵, 물 1 1/3~1 1/2컵

현미멥쌀 2/3컵에 보리 1/3컵을 같이 씻어 물 1 1/3~1 1/2컵을 부어 기본 현미밥 만들기를 참고하여 밥을 짓는다.

tip 보리 중에서도 봄에 가장 맛있는 찰보리쌀을 현미에 섞어 밥을 지으면 거친 현미밥에 쫀득한 식감까지 느껴져 맛있게 먹을 수 있어요.

감자미역된장국

tip 토마토와 우리 된장은 의외로 맛이 잘 어우러집니다. 토마토를 국에 넣어 살짝 익혀 먹으면 흡수를 도와주고 영양 손실을 막아 줍니다.

기본 재료 ★ 감자 1개, 건미역 5g, 방울토마토 8개, 물 3컵, 된장 3큰술, 대파 1/2대

감자는 껍질을 깎고 2cm 크기로 깍둑 썬다. 건미역은 불리고 대파는 송송 썬 뒤 물에 된장을 풀고 감자와 미역을 넣어 끓인다. 감자가 익으면 방울토마토를 넣고 한소끔 더 끓이고 불을 내린 후 대파를 넣는다.

브로콜리두부소스무침

기본 재료 ★ 브로콜리 1개, 두부소스(부침용 두부 80g, 된장 1작은술, 다진 마늘 1작은술, 매실엑기스 1작은술, 곱게 간 깨 1큰술, 참기름 · 소금 조금씩)

브로콜리는 봉오리를 나누어 뜯고 소금을 약간 넣은 끓는 물에 데쳐서 채반으로 건져 식힌다. 두부소스의 부침용 두부는 키친타월에 싸서 무거운 것으로 30분 이상 눌러 물기를 뺀 뒤 나머지 재료와 함께 절구나 커터에 넣고 곱게 간다. 그런 뒤 브로콜리를 두부소스에 버무린다.

tip 브로콜리 외에도 시금치나 다른 나물류를 두부소스에 무쳐도 맛있어요.

셀러리곤약볶음

기본 재료 ★ 셀러리 2대, 곤약(작은 것) 1/2모(약 100g), 곤약 양념(간장 1 1/2큰술, 된장 1작은술, 다진 생강 1/2작은술, 청주 1큰술, 올리고당 2/3큰술, 현미식초 1작은술), 통깨 조금, 참기름 · 현미유 조금씩

셀러리 줄기는 5mm 두께로 어슷 썰고 잎은 듬성듬성 다진다. 곤약은 3×3cm 크기로 나박 썰어 끓는 물에 데친 다음 찬물에 건져 물기를 뺀다. 팬에 참기름과 현미유를 반씩 섞어 두른 다음 곤약을 넣고 표면이 노릇노릇해지도록 볶은 다음 곤약 양념을 한데 넣고 고루 섞는다. 여기에 어슷 썬 셀러리를 넣고 센 불에서 재빠르게 볶아 접시에 담고 고명으로 통깨와 다진 셀러리 잎을 뿌린다.

tip 곤약은 꼬들꼬들하게 갈색이 날 때까지 충분히 볶아줘야 맛있어요.

SET 7

수삼감자기장죽 + 두부완자구이조림

감기 기운이 있어 몸에 한기가 들고 입맛이 없어 밥으로 쑨 죽보다 더 부드러운 수프 같은 느낌의 죽을 먹고 싶을 때면 저는 수삼감자기장죽을 만들어 먹습니다. 수삼은 몸에 열을 내주고 원기를 북돋워주며, 기장은 성질이 따뜻하고 소화가 잘되는 특성을 지녀 감기에 걸렸을 때나 몸이 차가운 사람에게 특히 좋은 죽입니다. 수삼감자기장죽과 같이 곁들인 두부완자구이조림은 밋밋한 두부완자에 수수의 씹는 맛을 더해 마치 고기완자를 먹는 듯합니다. 짭조름하고 달콤하게 조림장에 조렸기 때문에 반찬으로도 참 좋아요.

수삼감자기장죽

기본 재료 ★ 수삼(작은 것) 2뿌리, 감자(큰 것) 1개, 양파 1/4개, 기장 2큰술, 다시마 국물 3 1/2컵, 포도씨유 · 소금 · 후춧가루 조금씩

1 수삼과 감자는 얇게 저며 썰고 양파는 채 썬다.
2 기장은 씻은 다음 체에 밭쳐 물기를 뺀다.
3 냄비에 포도씨유를 두르고 양파를 약한 불에서 숨이 푹 죽도록 볶다가 감자와 수삼을 넣고 같이 볶는다.
4 믹서에 ③과 다시마 국물을 붓고 곱게 갈아 다시 냄비에 부은 다음 ②의 불린 기장을 넣어 나무주걱으로 저어가며 걸쭉하게 끓인 후 소금·후춧가루로 간한다.

tip 다시마 국물은 3 1/2컵을 다 붓지 말고 3컵만 부어서 끓이다가 나머지 분량으로 상태를 봐가며 농도를 조절하세요.

두부완자구이조림

기본 재료 ★ 두부 1/4모, 수수 3큰술, 연근(7~8cm 길이) 1토막(약 100g), 송송 썬 참나물 혹은 돌미나리 1/4컵(약 5줄기 분량), 소금 · 후춧가루 조금씩, 조림장(간장 2 1/2큰술, 청주 2큰술, 생강즙 1작은술, 조청 2큰술, 물 1/3컵, 녹말가루 1작은술), 참기름 · 현미유 조금씩

1 수수는 씻은 다음 냄비에 물 150cc를 붓고 끓여 수수밥을 짓는다.

2 두부는 면포에 싸서 물기를 꼭 짠 후 으깨고, 연근은 강판에 곱게 간다.

3 볼에 ①과 ②, 참나물을 넣고 고루 섞은 다음 소금과 후춧가루로 간한다.

4 ③을 동글납작하게 한입 크기로 빚어 참기름과 현미유를 조금씩 떨군 프라이팬에서 앞뒤로 노릇노릇하게 굽는다.

5 ④에 분량의 조림장을 섞어 끼얹은 다음 약한 불에서 윤기 나게 조린다.

tip 수수는 물을 부어 중간 불에서 수분은 날아가고 되직하니 부드럽게 익은 듯하면서 알갱이 형태는 살아 있는 정도로 끓이는 게 좋아요.

SET 8

현미밥 + 마크로된장찌개 + 가지강정 + 호두두부그린샐러드

저는 평소 된장찌개를 참 좋아하는데 된장찌개에 몇 가지의 뿌리채소를 넣거나 또 계절마다 한창인 버섯이나 애호박 같은 채소 한두 가지를 넣어 끓이곤 해요. 이렇게 찌개의 재료를 조합하면 음양의 조화가 잘 이루어지더라고요. 그리고 일본식 마크로비오틱 조리법이지만 조금 바특하게 끓여 우리나라식으로 현미밥에 쓱쓱 비벼먹기도 해요. 이렇게 먹으면 별다른 반찬 없이 총각김치나 열무김치와 곁들이기만 해도 그 맛이 그만이랍니다. 오늘 제안하는 식단은 조금 멋을 부려보았어요. 간단하게 만들 수 있는 마크로된장찌개, 호두두부그린샐러드, 그리고 가지강정입니다.

마크로된장찌개

기본 재료 ★ 우엉 또는 연근 · 당근 · 무 · 양파 · 애호박(2cm 크기의 네모꼴로 썬 것) 각 1/3컵씩, 두부 1/4모, 송송 썬 대파 1/2대, 다시마(5×5cm 길이) 1조각, 된장 2큰술, 고추장 1작은술, 다진 마늘 1작은술, 다진 생강 1/2작은술

냄비에 물 3컵을 붓고 다시마, 우엉 혹은 연근, 당근, 무를 넣고 약한 불에서 끓여 국물을 우리고 채소가 모두 익으면 다시마는 건져 곱게 채 썬다. 국물에 된장과 고추장을 넣어 풀고 채 썬 다시마를 다시 넣은 다음 양파, 애호박, 두부를 넣어 끓인다. 채소가 익으면 다진 마늘과 다진 생강을 넣어 한소끔 더 끓인 후 불을 끈 다음 대파를 넣는다.

가지강정

기본 재료 ★ 가지 4개, 소금 1큰술, 밀가루 적당량, a(밀가루 2/3컵, 감자전분 1/3컵, 물 1컵), 식물성유 적당량, b(고추장 1큰술, 고춧가루 1작은술, 조청 1 1/2큰술, 간장 1작은술, 매실엑기스 1작은술), 볶은 땅콩 2큰술

1 가지는 숭덩숭덩 삼각썰기 한 뒤 소금에 버무리고 물을 소금이 녹을 정도로 뿌리고 버무려 그대로 20분을 절인다.
2 a의 재료를 섞어 튀김옷을 만든다.
3 ①의 가지를 물에 헹구고 물기를 살짝 짠 다음 밀가루에 얇게 버무린다.
4 ②에 ③의 가지를 적셔 180도의 기름에서 노릇노릇하게 튀긴다.
5 팬에 b의 재료를 섞어 한소끔 끓인 다음 ④를 넣어 버무리고 굵게 다진 볶은 땅콩을 뿌린다.

tip 가지를 소금물에 절이면 기름흡수를 줄일 수 있어요.

4

5

1

2

3

4

호두두부그린샐러드

기본 재료 ★ 두부(부침용) 1/4모, 호두 2알, 꽃상추 4장, 치커리 잎 3~4가닥, 드레싱[호두유(현미유) 2큰술, 홍초 1큰술, 천일염 · 후춧가루 조금씩]

1 두부는 키친타월에 두껍게 싸서 무거운 것으로 눌러 냉장고에 3~4시간 두어 두께가 2/3 이하로 줄어들 정도로 수분을 뺀 뒤 1㎝ 크기의 네모꼴로 썬다.

2 호두는 아무것도 두르지 않은 마른 팬에서 고소하게 볶아 한 개를 4등분으로 썬다.

3 꽃상추와 치커리 잎은 먹기 좋게 한입 크기로 뜯는다.

4 볼에 드레싱 재료를 한데 넣고 섞은 후 ①, ②, ③을 전부 넣고 살살 버무린다.

tip 두부를 무거운 것으로 오랫동안 눌러 물기를 잘 빼면 마치 치즈를 먹는 듯한 식감이 나요.

SET 9

현미죽
+
데친 채소 부추소스
+
우엉과 표고기둥조림

마크로비오틱 섭생은 음양오행에 입각해 아침과 점심, 저녁, 간식에 적합한 식사가 있습니다. 그중 아침은 계절로 말하면 봄에 해당되고 우리 몸의 장기에서는 간에 해당이 됩니다. 간이 가장 활동적으로 독소를 배출하는 시간이 바로 아침입니다. 그래서 아침에는 간에 부담을 주지 않도록 가볍고 부드럽고 수분이 많은 식사를 권장하고 있습니다. 예를 들어 누룽지나 죽, 수프 등이 되겠지요. 이것에 미리 만들어 둔 밑반찬 한 가지 정도를 곁들인다면 바쁜 아침시간에 더욱 도움이 됩니다. 간단하게 만들 수 있고 무겁지 않은 소박한 식사로 활기찬 하루를 시작해보세요.

현미죽

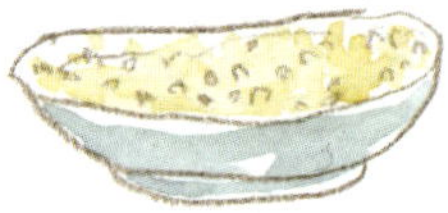

기본 재료 ★ 현미멥쌀 1컵, 물 5컵, 천일염 조금

현미멥쌀을 씻어 물을 붓고 천일염을 조금 넣어 끓인다. 바닥이 눋지 않도록 가끔씩 저어주되, 너무 저어 끈기가 많이 나오지 않도록 현미죽을 쑨다.

데친 채소 부추소스

기본 재료 ★ 청경채 3포기, 숙주나물 2컵(약 120g), 부추소스(부추 15줄기, 맛간장 2~3큰술, 고춧가루 1/2작은술, 참기름 1 1/2큰술)

청경채는 포기째 2~3등분으로 나누어 썰고 숙주나물은 지저분한 것만 다듬어 끓는 물에 각각 살짝 데쳐 냉수에 건진 다음 물기를 뺀다. 손질한 부추는 칼로 곱게 다진 다음 볼에 맛간장, 고춧가루, 참기름과 함께 섞어 부추소스를 만들어 준비한 채소에 끼얹는다.

우엉과 표고기둥조림

기본 재료 ★ 우엉 1/2대, 표고버섯기둥 12~15개분, 다시마 국물 2/3컵과 불린 다시마(5×10cm) 1조각, a(간장 2큰술, 청주 1큰술, 조청 1큰술, 생강즙 1/2작은술)

우엉을 칼로 연필 깍듯이 얇게 치고 표고버섯기둥은 손으로 찢은 뒤 불린 다시마는 곱체 채를 썬다. 냄비에 우엉과 표고버섯기둥을 넣고 다시마 국물과 a의 재료를 넣고 끓인다. 국물이 거의 졸아들도록 조린다.

tip 생표고버섯을 말려 건표고를 말릴 때 기둥을 떼어 말리는데 기둥만 따로 조리거나 장아찌로 만들면 고기 같은 식감을 내어 재미있어요.

SET 10

가지구이라이스롤 + 감자와 자색고구마 샐러드 + 논슈거피클

가끔 마크로비오틱 밥상을 선보이고 싶은 손님을 초대할 때가 있습니다. 왜 초대하는 손님들 중에도 전통 한식이 어울릴 것 같은 분도 있고, 무언가 참신하고 세련된 서양 요리가 어울릴 것 같은 분이 있는가 하면, 또 이렇게 선별한 건강식을 선호하실 것 같은 분이 있게 마련이잖아요. 그럴 때 마치 대중가요 애창곡처럼 내놓는 것이 가지구이라이스롤과 감자와 자색고구마 샐러드 혹은 계절 샐러드, 논슈거피클입니다. 현미밥에 바질과 호두를 갈아 맛과 영양, 색감을 더해 구운 가지로 돌돌 말아 모양도 예쁜 가지구이라이스롤은 보기에도 예뻐 인기 메뉴이지요. 논슈거피클은 미리 만들어둔 맛간장으로 피클액을 만들기 때문에 굳이 설탕을 넣어 단맛을 내지 않아도 맛간장의 성분 때문에 충분히 맛있는 피클을 드실 수 있어요.

1-1

1-2

2

3

4

5

가지구이라이스롤

기본 재료 ★ 가지 2개, 올리브유 적당량, 발사믹 식초 적당량, 따끈한 현미밥 1 1/2공기, 다진 양파 3큰술, 바질 10장, 호두 2알, 간장 1작은술, 소금 · 후춧가루 조금씩, 토마토소스 · 바질 적당량

1 가지는 5mm 두께로 길고 얇게 슬라이스한 다음 붓으로 양면에 올리브유를 고루 발라 오븐용 철판에 겹치지 않게 올려 180℃로 예열한 오븐에서 7~8분간 구워 숨을 죽인다.

2 오븐에서 꺼낸 ①의 가지가 뜨거울 때 붓으로 발사믹 식초를 양면에 고루 바른다.

3 기름 없이 달군 팬에 물을 조금 넣고 다진 양파를 넣어 숨이 죽도록 볶은 다음 커터에 담고 바질과 호두를 같이 넣어 곱게 간다.

4 따끈한 현미밥에 ③을 넣어 주걱으로 설설 섞은 다음 간장, 소금, 후춧가루로 간을 맞춘다.

5 ④의 현미밥을 원통형 모양으로 손으로 빚은 다음 ②의 가지구이로 돌돌 말아 접시에 담고 토마토소스와 바질을 곁들여낸다.

tip 오븐이 없으면 가지를 프라이팬에 구워도 괜찮아요.

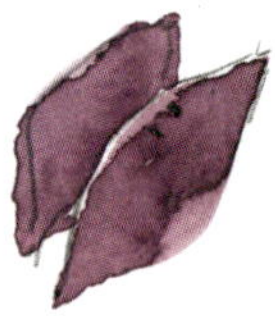

감자와 자색고구마 샐러드

기본 재료 ★ 감자 1개, 자색고구마 1개, 드레싱(엑스트라 버진 올리브유 2 1/2큰술, 화이트 발사믹 식초 1큰술, 레몬즙 1작은술, 소금 · 후춧가루 조금씩), 다진 셀러리 잎 조금

감자와 자색고구마는 깨끗이 씻어서 찜통에서 푹 찐 다음 뜨거울 때 껍질을 벗기고 포크를 이용해 숭덩숭덩 먹기 좋게 부순다. 볼에 드레싱 재료를 한데 담아 고루 섞은 다음 으깬 감자와 고구마에 넣어 버무리고 접시에 담아 다진 셀러리 잎을 뿌린다.

tip 자색고구마 대신 단호박이나 고구마를 이용해도 맛있어요.

논슈거피클(만들기 쉬운 분량)(건더기만 1인분 총 50g 정도)

기본 재료 ★ 맛간장(229쪽 참고) 2/3컵, 물 1/3컵, 국산 레몬(혹은 유자)즙 3큰술, 무 · 오이 · 당근 · 자색 양파 적당량씩

무, 오이, 당근, 자색 양파는 먹기 좋은 크기로 썰어 소독한 내열 유리병에 담고, 냄비에 맛간장과 물, 국산 레몬즙을 넣고 한소끔 우르르 끓인 다음 채소를 담은 유리병에 부어 그대로 식힌 다음 냉장고에 보관하면 2시간 후부터 먹을 수 있다.(1주일 정도 보관 가능)

SET 11

노란콩톳밥
+
매콤한 오이냉국
+
우엉깨즙무침
+
구운두부와 적양파샐러드

콩을 넣어 밥을 지으면 윤기가 자르르 흐르면서 밥이 쫀득하고 맛있어지잖아요. 그 이유는 콩 단백질의 구성 성분인 유리아미노산이 빠져나와 밥에 윤기가 돌게 하고, 맛과 영양을 더하기 때문이지요. 그뿐만 아니라 쌀에 부족한 특정 아미노산을 콩이 보충해주는 작용을 한답니다. 주로 검정콩이나 밤콩, 완두콩을 넣어 먹곤 하는데 가끔은 맛과 성질이 온화한 대두를 넣어 이렇게 노란콩톳밥을 지어 먹기도 해요. 오늘 식단은 우엉을 고소하고 새콤하게 무친 우엉깨즙무침과 노릇노릇하게 구운두부와 적양파샐러드를 올려보았습니다. 여기에 개운하면서도 매콤한 오이냉국을 곁들였어요. 따뜻한 국물이 좋을 때는 된장국류도 잘 어울리지요. 보기만 해도 건강해 보이지 않나요?

les verres de studio m

노란콩톳밥

기본 재료 ★ 현미 2컵, 건톳(영양밥용) 10g, 청주 1큰술, 간장 1작은술, 노란콩(대두) 50g, 소금 조금

현미는 씻은 다음 압력솥의 경우 2 1/3컵, 일반 밥솥의 경우에는 3컵의 물에 2시간 이상 불린다. 대두는 체에 밭친 채 물에 살짝 씻어서 아무것도 두르지 않은 마른 팬에서 중간 불로 약 5분 정도 프라이팬째 잡고 굴려가며 갈색이 돌면서 껍질이 벌어질 때까지 볶는다. 불린 현미에 건톳과 볶은 대두, 청주, 간장, 소금을 넣고 밥을 안친다.

tip 압력솥에 짓는 경우 불리지 않고 기본 현미밥 짓는 방법을 참고해 그대로 안치면 돼요.

매콤한 오이냉국

기본 재료 ★ 오이 2/3개, 청양고추 1개, 다시마(5×5cm 길이) 1조각, 물 3컵, 생강즙 2~3방울, 식초 1큰술, 소금·통깨 조금씩

냄비에 물을 붓고 다시마 조각을 넣어 은근한 불에서 끓여 밑국물을 우린다. 청양고추는 반으로 갈라 씨를 뺀 다음 얇게 송송 썰어 다시마 국물이 뜨거울 때 넣어 그대로 차게 식힌다. 차게 식힌 국물에 생강즙과 식초를 넣고 소금으로 간을 맞춘 다음 채 썬 오이를 넣고 통깨를 뿌린다.

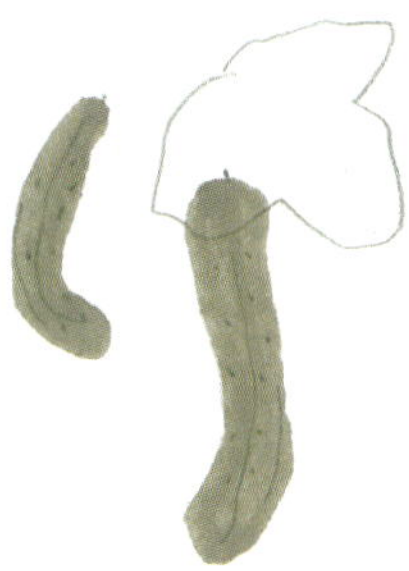

tip 콩나물냉국이나 가지냉국도 같은 방법으로 끓이면 맛있어요.

우엉깨즙무침

기본 재료 ★ 우엉 1/2대, 식초 1/2큰술, 무침장(통깨 2큰술, 두유 2큰술, 올리고당 · 식초 · 간장 1/2큰술씩, 고추씨기름 1/3작은술, 소금 조금)

우엉은 껍질을 거친 솔로 비벼 씻어 손질한 후 얇게 어슷 썬 다음 곱게 채 썬다. 끓는 물에 식초를 넣고 손질한 우엉을 넣어 2분 정도 데쳐 냉수에 건진 다음 물기를 뺀다. 무침장의 통깨를 먼저 커터에 넣고 페이스트 상태가 되도록 간 다음 무침장의 다른 재료를 넣고 더욱 곱게 간다. 볼에 데친 우엉을 담고 무침장을 넣고 조물조물 무친다.

tip 연근을 무쳐도 맛있어요.

구운두부와 적양파샐러드

기본 재료 ★ 부침용 두부 1모, 적양파 1개, 영양부추 20g, a(올리브오일 3큰술, 사과주스 2큰술, 레몬즙 1큰술, 소금 · 후춧가루 조금씩)

부침용 두부는 키친타월에 싸서 무거운 것으로 20분 정도 눌러서 물기를 뺀다. 적양파는 얇게 채를 썰고 영양부추는 3cm 길이로 썬다. 그릴팬에 식물성유를 얇게 바르고 물기를 제거한 두부를 앞뒤로 노릇노릇하게 굽는다. 구운 두부를 바트에 겹치지 않게 두고 적양파와 영양부추를 고르게 펴서 올린 다음 a를 섞어서 끼얹는다.

tip 소스는 설탕을 사용하지 않고 사과주스로 단맛과 향을 냈어요.

SET 12

무와 당근 밥수프 + 감자와 풋콩 레몬마리네이드

입맛이 까칠한 날 부드러운 음식을 먹고 싶을 때 좋은 무와 당근을 이용한 특별한 밥 수프를 알려 드릴게요. 양의 성질이 강한 무와 당근으로 수프를 만들었는데, 그 성질이 몸속에서 온화하게 흡수되도록 현미밥을 같이 넣어 수프처럼 부드럽게 갈아서 만들었어요. 이 식단은 제가 주로 아침에 먹는 것이랍니다. 이 수프만으로 허전하다 싶을 때는 감자나 고구마, 단호박 찐 것을 곁들여 먹는데 오늘은 냉동실에 얼려둔 풋콩과 함께 새콤달콤한 마리네이드 소스에 버무려보았어요. 장식으로 춘권피를 튀겨서 올렸는데, 춘권피 대신 만두피를 사용해도 괜찮답니다. 번거로운 장식은 생략해도 되겠지요.

무와 당근 밥수프

기본 재료 ★ 1cm 두께의 반달꼴로 썬 무 4토막(약 130g), 1cm 두께로 썬 당근 5토막(약 50g), 1cm 너비로 썬 양파 1/4개, 장국용 다시마(5×5cm 길이) 1조각, 현미밥 1/2공기, 국간장 1/2큰술, 소금 조금, 삶은 무 · 당근(모양틀로 찍은 것) 조금씩

tip 간을 하지 않고 마크로비오틱 깨소금(42쪽 참조)을 솔솔 뿌려 먹어도 좋아요.

냄비에 무와 당근, 양파, 장국용 다시마를 넣고 물 4컵을 부은 다음 무가 푹 익도록 끓인 후 다시마는 건져내고 나머지는 현미밥과 함께 믹서에 넣고 곱게 간다. 간 수프 재료를 다시 냄비에 넣고 저어가며 끓이다가 걸쭉해지면 국간장과 소금을 넣어 간을 맞춘다.

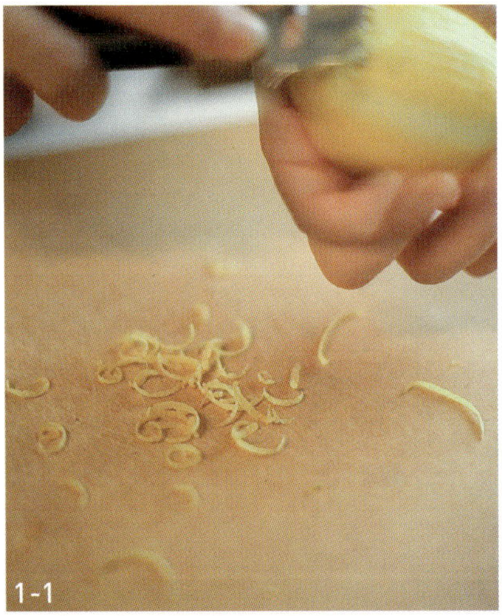
1-1

2-1

2-2

3

감자와 풋콩 레몬마리네이드

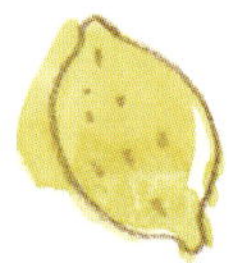

기본 재료 ★ 감자(작은 것) 2개, 풋콩 1컵, 마리네이드소스[국산 레몬 1개, 소금 1/2작은술, 엑스트라 버진 올리브유 2큰술, 아가베 시럽(또는 꿀) 1/2큰술], 춘권피(또는 만두피, 생략 가능) 1장

1 레몬은 겉의 얇은 노란색 껍질만 조금(1/4개 분량) 저며 곱게 채 썰고, 나머지는 즙을 짜서 소금과 아가베 시럽을 넣어 거품기로 섞어 소금을 녹인 후 엑스트라 버진 올리브유를 넣고 섞어 레몬마리네이드 소스를 만든다.

2 감자는 껍질째 찜통에서 푹 찐 뒤 껍질을 벗기고 포크로 듬성듬성 자르고, 풋콩은 소금물에서 5분 정도 삶은 다음 꼬투리를 깐다.

3 ②의 감자와 콩이 뜨거울 때 ①의 레몬마리네이드 소스에 넣어 버무린다.

4 춘권피는 팬에 기름을 조금 두르고 바삭하게 구운 뒤 잘게 부수어 ③에 곁들인다.

tip 국산 레몬이 아닐 경우에는 노란색 껍질을 사용하지 않는게 좋아요.. 풋콩 대신에 완두콩을 사용해도 된답니다.

SET 13

버섯견과영양밥 + 무청시래기뚝배기 + 올방개묵회

버섯의 풍미가 진해지는 가을철에 자주 지어먹는 영양밥입니다. 각종 버섯류와 견과류를 더하고 밤이나 은행을 넣을 때도 있습니다. 이 영양밥은 가을철의 미각과 영양을 고스란히 담은 대표적인 가을 요리예요. 곁들이는 국이나 찌개로는 제철을 맞은 아욱된장국이나 토란국도 맛있고요. 오늘 식단에 소개하는 무청시래기뚝배기도 마음에 꼭 듭니다. 무청시래기뚝배기는 다른 부재료를 사용하지 않고 무청시래기만 사용해 된장을 슴슴하게 풀기 때문에 밑국물을 확실하게 내주어야 맛있게 드실 수 있어요. 그리고 묵 중에서도 쫀득한 맛이 일품인 올방개묵을 생선회처럼 얇게 썰어 접시에 펼쳐두고 양념장을 끼얹어 상큼하게 반찬으로 곁들였어요.

1

2

3

4

버섯견과영양밥

기본 재료 ★ 현미 1 1/2컵, 현미찹쌀 1/2컵, 물 2컵, 청주 1큰술, 간장 1/2큰술, 장국용 다시마(5×5cm 길이) 1조각, 버섯류(표고버섯 · 맛타리버섯 · 새송이버섯 등) 총 150g, 호두 · 생땅콩 · 호박씨 총 1/4컵

1 현미와 현미찹쌀은 씻어서 물에 2시간 이상 불린다.

2 버섯류는 먹기 좋게 찢는다.

3 생땅콩은 껍데기째 끓는 물에 삶아 겉의 딱딱한 외피만 벗기고 속 땅콩만 바른다.

4 솥에 밥을 안치고 분량의 물을 부은 다음 장국용 다시마를 넣고 청주와 간장을 넣어 간을 맞추고 ②의 버섯류와 준비한 견과류를 얹어 밥을 안친다.

tip 버섯에서 수분이 나오므로 평소 현미밥 지을 때 필요한 밥물보다 물 양을 적게 잡아야 해요.

무청시래기뚝배기

기본 재료 ★ 무청 시래기(삶은 것) 160g, 된장 2/3큰술, 생강즙 1작은술, 건표고 2장, 건다시마 2조각, 소금 · 대파 · 홍고추 조금씩

무청 시래기는 얇은 겉 섬유질을 꼼꼼하게 벗겨 손질한 다음 10cm 길이로 썬다. 냄비에 건표고와 건다시마, 물 3컵을 붓고 약한 불에서 끓여 밑국물을 우린 다음 밑국물에 된장을 풀고 시래기와 생강즙을 넣어 푹 무르도록 끓이다가 소금으로 간을 맞추고 송송 썬 대파와 홍고추를 넣는다.

tip 시래기의 겉 섬유질을 꼼꼼하게 벗겨내야 부드럽고 맛있게 먹을 수 있어요.

올방개묵회

기본 재료 ★ 올방개묵 1/2모, 양념장(송송 썬 쪽파 3뿌리 분량, 다진 홍고추 1/2큰술, 간장 · 생수 각 2큰술씩, 감식초 1 1/2큰술, 올리고당 1/2큰술, 생강즙 1작은술, 통깨 1/2큰술)

올방개묵은 묵칼로 얇게 저며 썰고, 볼에 분량의 양념장 재료를 고루 섞는다. 접시에 올방개묵을 널찍하게 깔고 양념장을 고루 끼얹는다.

tip 청포묵이나 밤묵 등 기호나 원하는 취향대로 사용해도 좋아요.

SET 14

말린 채소 한입 김밥 당근·오이·표고버섯 3색
+
아욱국
+
연두부냉채

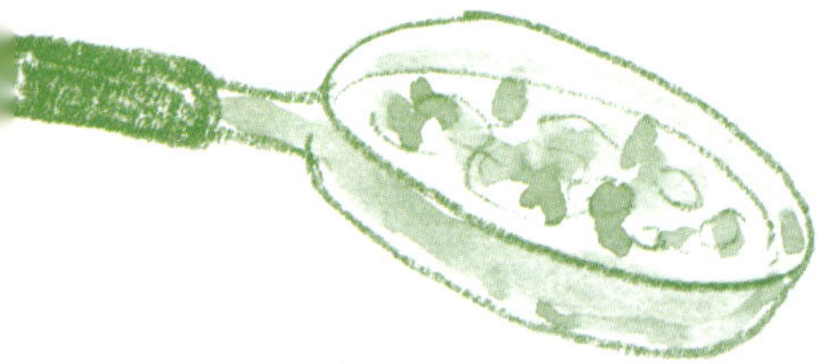

요리 선생으로 살다 보니 촬영이나 클래스 등을 마친 후 채소가 많이 남더라고요. 저는 남은 자투리 채소를 볕에 잘 말려둬요. 채소를 말리면 좋은 점이 일단 부피가 줄어들어 보관하기 쉽고, 수분이 증발해 보존 기간이 길어지고 맛과 영양 성분이 응축된다는 것, 또 태양과 바람 등 자연이 주는 에너지가 더해지므로 우리 눈에 보이지 않는 좋은 에너지의 작용이 더욱 커진다는 것이지요. 이렇게 여러모로 좋은 말린 채소로 만든 김밥을 소개합니다. 말린 당근과 오이, 표고버섯을 이용해 각각 세 가지 색감을 낸 앙증맞은 미니 김밥입니다. 여기에 구수하게 푹 끓인 아욱국과 연두부냉채를 반찬으로 곁들이면 그만이랍니다.

말린 채소 한입 김밥

기본 재료 ★ 오이 2개, 당근 2/3개, 말린 표고버섯 5장, 참기름 · 소금 · 간장 · 통깨 조금씩, 현미밥 2공기, 김밥용 김 2장

1 오이는 길게 반으로 가른 다음 얇게 어슷 썰어 채반에 널찍하게 펼쳐 볕에서 2~3시간가량 말린다.

2 당근은 5~6cm 길이로 곱게 채를 썰어 채반에 펼쳐 볕에서 2~3시간가량 말린다.

3 말린 표고버섯은 버섯이 잠길 정도의 물에 불린 다음 물기를 꼭 짠 후 곱게 채 썬다.

4 달군 팬에 참기름을 조금 두르고 오이와 당근을 볶으면서 소금을 간하고, 불린 표고버섯은 간장으로 간을 하고 깨를 뿌린다.

5 김을 반으로 잘라 현미밥을 적당히 얹은 다음 각각 ④의 오이, 당근, 표고버섯을 얹어 돌돌 말아 먹기 좋은 크기로 썬다.

tip 세 가지 채소를 한 번에 넣고 보통 김밥처럼 말아도 좋아요.

1

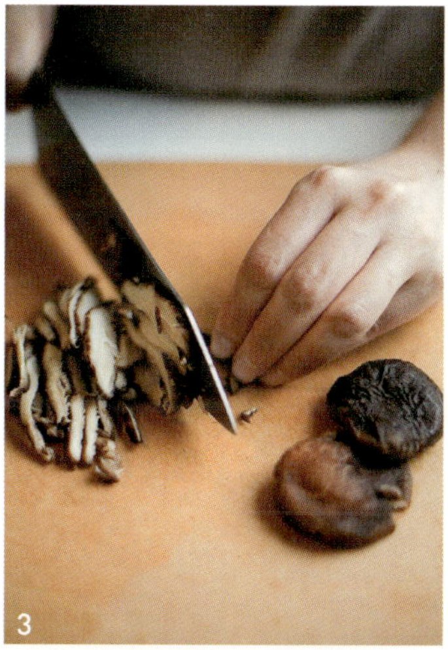
3

4-1

4-2

4-3

5

5-1

5-2

5-3

아욱국

기본 재료 ★ 아욱 100g, 물(김밥에서 사용하고 남은 표고버섯 불린 물을 사용하고 부족한 양만큼만 물을 더함) 3컵, 된장 1 1/2큰술, 고추장 1/2큰술, 다진 마늘 1작은 술, 다진 생강 1/2작은 술

아욱은 씻어서 줄기를 꺾으면서 잎 쪽으로 잡아당겨 억센 섬유질을 벗겨낸다. 볼에 담고 소금을 조금 뿌린 뒤 손으로 주물러 여러 번 씻은 다음 5cm 길이로 썰어 물기를 꼭 짜서 된장과 고추장, 다진 마늘·생강으로 조물조물 무친다. 냄비에 물이 팔팔 끓으면 아욱을 넣고 푹 끓인다.

tip 아욱국은 아욱이 부드럽게 무르도록 끓여야 제맛이 나요.

연두부냉채

기본 재료 ★ 연두부 2모, 오이 1/3개, 토마토 1/2개, 다시마표고조림[불린 다시마(5×10cm) 2조각, 불린 표고 4장, 간장 1 1/2큰술, 청주 1큰술, 조청 1큰술], 생강간장소스[간장 2큰술, 청주 3큰술, 메이플시럽 1큰술, 저민 생강 2~3장, 현미식초 1큰술]

불린 다시마와 표고는 채를 썰어서 나머지 재료와 함께 바특하게 조려 다시마표고조림을 만든다. 연두부는 채에 밭쳐 자연스럽게 물기를 빼두고 오이는 곱게 채를 썰고 토마토는 얇게 반달꼴로 썬다. 생강간장소스는 현미식초를 제외한 재료를 전부 냄비에 넣고 한소끔 끓인 뒤 현미식초와 섞는다. 연두부를 그릇에 올리고 다시마표고조림과 오이, 토마토를 연두부 위에 올린 뒤 생강간장소스를 끼얹는다.

tip 다시마표고조림은 평소 밑반찬으로 만들어 두면 요긴하게 사용되지요.

SET 15

쑥갓강낭콩현미주먹밥

+

아삭이고추 두부된장무침

+

애호박볶음

따끈따끈 갓 지은 밥에 된장국, 막 버무린 무생채 한 가지만 있어도 엄마가 해주신 밥은 어쩌면 그렇게 맛있는지요. 먹고 난 후에는 배 속도 편하고 기분도 좋아집니다. 왜 그럴까 생각해보면 음식을 먹을 때 만든 사람의 氣(에너지)도 함께 받아들이기 때문이 아닐까요? 상대를 소중하게 생각하며 음식을 할 때는 건강해지길 바라는 자상한 마음이 시종일관 함께하지요. 저는 주방이 보이는 음식점에서 무언가를 먹을 때는 음식을 만드는 사람의 표정을 잘 살핍니다. 요리에 집중하여 진지하면서도 즐거워 보이는 그런 모습을 찾곤 하지요. 그렇게 만들어진 요리는 틀림없이 맛도 있지만, 먹고 난 후에 좋은 여운이 남습니다. 만드는 사람의 좋은 氣가 전해졌기 때문입니다.

'氣를 넣는다'는 말도 있는데, 정신력이 강한 우리 민족이 자주 사용하는 말입니다. 그러고 보니, 氣라는 한자를 살펴보면 중심에 쌀이 들어 있습니다. 역시, 마음의 기운을 다스리는 중심에는 밥이 있어야 합니다.

쑥갓강낭콩현미주먹밥

기본 재료 ★ 강낭콩(혹은 호랑이콩) 1/2컵, 현미 2컵, 물 3컵, 소금 조금, 쑥갓 2~3줄기, 통마늘 3톨, 마크로비오틱 깨소금 1/2큰술

씻은 현미에 강낭콩과 밥물을 넣고 소금을 쳐서 강낭콩현미밥을 짓는다. 냄비에 물을 소량 넣고 끓여서 소금과 통마늘을 넣어 푹 익힌 다음 건진 뒤, 이어서 쑥갓을 넣어 살짝 데쳐 채반으로 건져 식힌다. 통마늘은 으깨고 쑥갓은 물기를 짜서 작게 송송 썬다. 강낭콩현미밥에 으깬 통마늘, 쑥갓, 마크로비오틱 깨소금을 넣고 주걱으로 잘 섞고 주먹밥을 빚는다.

tip 강낭콩 대신에 제철에 나오는 완두콩이나 풋콩을 사용해도 좋아요.

아삭이고추 두부된장무침

기본 재료 ★ 아삭이고추 6개, 두부 1/4모, 무침장(된장 1큰술, 다진 마늘 1/2작은술, 생강즙 1/2작은술, 다진 파 1큰술, 올리고당 · 참기름 1작은술씩, 통깨 조금)

아삭이고추는 꼭지를 떼고 2cm 길이로 자르고, 두부는 면포에 싸서 물기를 꼭 짠 다음 곱게 으깬다. 볼에 무침장 재료를 한데 넣어 고루 섞은 다음 으깬 두부를 넣어 잘 섞는다. 먹기 직전에 아삭이고추를 무침장에 버무려낸다.

tip 아삭이고추 혹은 오이맛고추 등 맵지 않으면서 육질이 부드럽고 아삭아삭한 고추를 사용해야 맛있어요.

애호박볶음

기본 재료 ★ 애호박 1/2개, 다진 마늘 1/2작은술, 조선간장 1작은술, 채 썬 홍고추 · 현미유 · 참기름 · 소금 조금씩

애호박은 길게 반으로 가른 뒤 숟가락으로 숭덩숭덩 먹기 좋은 크기로 뗀 다음 약간의 소금에 절여 물기가 조금 배어나오면 키친타월로 물기를 닦아낸다. 달군 팬에 현미유를 조금 두르고 다진 마늘과 애호박을 넣고 볶다가 조선간장과 소금으로 간을 한 뒤 숨이 죽도록 볶는다. 채 썬 홍고추는 고명으로 올린다.

tip 둥근 호박을 사용해서 들깨가루를 조금 넣어 볶아줘도 맛있어요.

마크로비오틱 집밥 브런치 세트

SET 16 생청국장 아보카도 현미비빔밥, 버섯중파된장국, 팥앙금 팬케이크

SET 17 살구소스의 쌀비빔국수, 호박잎된장국, 콩비지경단

SET 18 통밀 잔치국수, 고소아게 흑미샐러드, 튀긴 메밀떡

SET 19 구운 가지와 토마토 쇼트파스타, 단호박두유포타주, 두부푸딩 딸기소스

SET 20 아보카도 망고소스 콜드파스타, 흑임자 두부아이스크림, 호박씨 바질드레싱 샐러드

SET 21 호두깻잎소스 단호박뇨키, 양파새송이버섯 발사믹조림, 콩가루당근쿠키

SET 22 채소밭 피자, 기장쿠스쿠스 샐러드, 홈메이드 크래놀라

SET 23 샐러드피자, 토마토샐러드, 애플파이

PART2

마크로비오틱 집밥 브런치 세트에서는 가끔 입의 호사를 누리고 싶은 주말이나 특별한 날 또는 누군가를 초대할 때 차리면 좋을 브런치 스타일 메뉴로 구성했어요. 드셔보면 마크로비오틱 식단도 이렇게 풍성하고 맛있다는 것을 알게 되실 거예요. 마크로비오틱이라고 하면 뭔가 심심하고 맛이 없을 것 같다는 편견을 날려주는 멋진 식단이랍니다.

SET 16

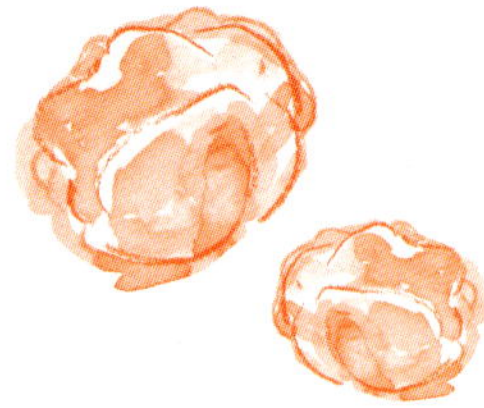

생청국장 아보카도 현미비빔밥 + 버섯중파된장국 + 팥앙금 팬케이크

지금까지의 식생활에 문제가 있다고 느끼고는 있지만, 당장 몸에 불편한 곳이 없기도 하고 새로운 시도에 대한 용기가 도무지 생기지 않는 분들이 계실 거예요. 처음부터 비건이 되겠다거나 생채식을 하겠다거나 우리 집 식단을 송두리째 바꿔보겠다 하는 큰 결심 보다는, 지금 당장 실천할 수 있는 한두 가지부터 시작하는 것이 중요하다고 생각합니다. 아마 적지 않은 분들이 집밥을 준비하는 것조차 부담을 가지고 요리는 엄두도 못 내는 경우도 많겠지요. 이런 분들은 우선 흰 쌀밥이라도 좋으니 매일 밥을 맛있게 짓고 가장 기본적인 나물 반찬 한 가지라도 손수 무쳐 밥상 위에 올리는 습관부터 들이세요. 시작이 반입니다. 아무것도 시작하지 않고서는 변화가 일어나지 않습니다. 조금씩, 차근차근, 내 힘으로 할 수 있는 범위 내에서 감사함으로 건강한 음식을 찾아보길 바랍니다.

생청국장 아보카도 현미비빔밥

기본 재료 ★ 현미밥 3공기, 생청국장 2팩, 간장 2작은술, 당근 40g, 아보카도 1개, 레몬즙 1작은술, 다진 마늘 1작은술, 다진 양파 2큰술, 청양고추 1개, 소금 · 후춧가루 조금씩, 상추 2~3장

생청국장은 젓가락으로 끈기를 낸 다음 간장을 넣어 섞는다. 당근은 곱게 채를 썬다. 아보카도는 과육만 발라 포크로 으깨어 레몬즙, 다진 마늘, 다진 양파, 송송 썬 청양고추를 넣어 섞고 소금과 후춧가루로 간을 한다. 현미밥에 만든 재료를 모두 올리고 상추를 작게 뜯어 올린 후 비벼 먹는다.

tip 여름에 먹으면 좋은 음성에너지가 가득한 음식이 비빔밥이에요. 양성에너지를 보충하기 위해 꼭 된장국을 곁들여요.

버섯중파된장국

기본 재료 ★ 느타리버섯 한 줌, 다시마국물 3컵, 중파(없으면 대파) 1대, 된장 2 1/2큰술

1 느타리버섯은 먹기 좋은 크기로 뜯어 채반에 겹치지 않게 두고 볕과 바람이 통하는 곳에서 3시간 정도 말린다.

2 다시마국물에 된장을 풀어 불에 올리고 불린 다시마도 채를 썰어 넣어 끓인다.

3 중파는 3cm길이로 썬 다음 굵은 부분은 두께를 반으로 가르고 참기름을 얇게 두른 팬에서 살짝 굽는다.

4 ②에 ①을 넣어 10분 정도 끓여 그릇에 담고 ③을 각 그릇에 나누어 담는다.

tip 파가 억세고 맛이 없거나 양성에너지가 더 필요할 때 이렇게 파를 살짝 구워 넣으면 좋아요.

팥앙금팬케이크

기본 재료 ★ 홈메이드 팥앙금[팥 1/2컵, 물 1 1/2컵, 다시마(5×5cm 길이) 1조각, 소금 1/4작은술, 대추 10알], 팬케이크[우리밀 밀가루 1컵, 베이킹파우더 2작은술, 소금 조금, 마 160g, 아가베 시럽(또는 꿀) 2큰술, 물 3/4컵], 현미유 적당량, 딸기 12개

1 냄비에 씻은 팥과 물, 다시마를 넣고 중간 불에 올려 부그르르 끓어오르면 약한 불로 줄여 팥이 뭉개질 정도로 푹 조린다. 도중에 수분이 부족하면 물을 조금씩 더해가면서 팥이 푹 무를 때까지 삶다가 소금으로 간한다.

2 씨를 바른 대추를 곱게 다져 ①에 넣어 섞어주고 되직한 팥앙금 농도가 될 때까지 나무주걱으로 저어가며 앙금을 쑨다.

3 팬케이크 재료 가운데 마는 강판에 곱게 갈아 아가베 시럽, 물과 함께 섞는다.

4 볼에 우리밀 밀가루와 베이킹파우더, 소금을 함께 체에 내린 다음 ③의 마 반죽을 넣어 멍울이 생기지 않도록 고루 섞는다.

5 달군 팬에 현미유를 두르고 ④의 팬케이크 반죽을 국자로 떠서 지름 7cm 크기로 동그랗게 얹은 다음 앞뒤로 노릇하게 12장을 굽는다.

6 팬케이크 2장을 한 세트로, 한 장에 ②의 팥앙금을 펴 바른 다음 반으로 저민 딸기를 올린 후 나머지 한 장으로 덮는다.

tip 마크로비오틱 홈메이드 팥앙금은 설탕을 사용하지 않고 대추의 단맛만으로 맛을 내기 때문에 팥 본연의 맛을 잘 느낄 수 있어 질리지 않고 먹을 수 있어요.

SET 17

살구소스 쌀비빔국수
+
호박잎된장국
+
콩비지경단 완두콩 소스무침

새콤달콤한 살구의 맛과 향을 살린 살구소스에 쌀국수를 비벼보았습니다. 살짝 진실을 밝히자면, 이 요리는 손님 접대용 요리랍니다. 사실 제가 좋아하는 비빔국수는 배추김치를 송송 썰어서 참기름에 비비거나 입맛 없는 여름철에 한 그릇 먹고 나면 개운한 시원한 열무김치 국물에 비빈 국수랍니다. 하지만 비빔국수는 어떤 것이든 본인이 비비면 맛이 없다고 생각해요. 반드시 남이 비벼줘야 맛있어요. 그렇다고 사먹는 것은 싫고요, 가끔 친정어머니가 오셔서 비벼주는 비빔국수나 저를 돕는 어시스트 선생님이 비벼주는 비빔국수가 더 맛있는 것 같아요. 하지만 이런 호사를 누릴 수 있는 기회가 많질 않아서 제가 마음가는 대로 비빔국수를 만들어 주위 분에게 대접 하면서 대리 만족을 느낀답니다. 이색적인 비빔국수에 우리에게 친숙한 호박잎된장국을 곁들였습니다. 또 콩비지경단 완두콩소스무침은 디저트나 간식으로 드시기에 좋은 메뉴입니다.

1-1

1-2

2-2

3

4

5

살구소스 쌀비빔국수

기본 재료 ★ 쌀국수 120g, 숙주(손질한 것) 2컵, 3cm 길이로 썬 부추 1컵, 채 썬 자색 양파(또는 양파) 작은 것 1/2개, 고소아게(풀무원 제품) 1/2모, 현미유 조금, 살구소스[말린 살구 50g, a(간장 2큰술, 조청 2큰술, 레몬즙 1 1/2큰술, 곱게 간 양파 1/4개, 소금 조금)], 고수(혹은 셀러리 잎) 적당량

1 살구소스를 만든다. 말린 살구는 반나절 정도 물 1컵(분량 외)에 불린 다음 커터에 넣어 곱게 갈아 퓌레 상태로 만들어 a의 모든 재료와 함께 냄비에 넣고 약한 불에 올려 약 5분 정도 조려 만든다.

2 쌀국수는 제품에 표기된 시간보다 약간만 덜 삶아 체에 건져 조금의 현미유에 버무려둔다.

3 달군 팬에 현미유를 조금 두르고 1cm 두께로 썬 고소아게를 넣고 앞뒤로 노릇노릇하게 굽는다.

4 숙주와 부추는 채반에 넓게 펼친 상태에서 팔팔 끓는 물을 끼얹어 살짝 데친 다음 그대로 식힌다.

5 달군 팬에 ②의 쌀국수를 넣어 볶다가 ①의 살구소스를 끼얹어가며 고루 볶는다.

6 오목한 접시에 ⑤를 담고 ④와 자색 양파, ③을 올린 다음 고명으로 고수를 잘게 썰어 올린다.

tip 매콤한 맛을 좋아하는 분이라면 살구소스에 청양고추를 다져 넣어도 맛있어요.

호박잎된장국

기본 재료 ★ 호박잎 200g, 다시마표고국물 3 1/2컵, 된장 3큰술, 생강즙 1작은술

호박잎의 줄기를 꺾어 억센 섬유질을 벗긴다. 다시마표고국물에 된장을 풀고 생강즙을 넣어 끓인 뒤 불린 다시마와 표고버섯도 얇게 채를 썰어 함께 끓인다. 호박잎을 손으로 비틀어 작게 뜯어 냄비에 넣어 호박잎이 숨이 죽도록 끓인다.

tip 호박잎은 까슬까슬하기 때문에 된장국에 넣을 때 손으로 비벼가며 넣어서 부드럽게 만들어요.

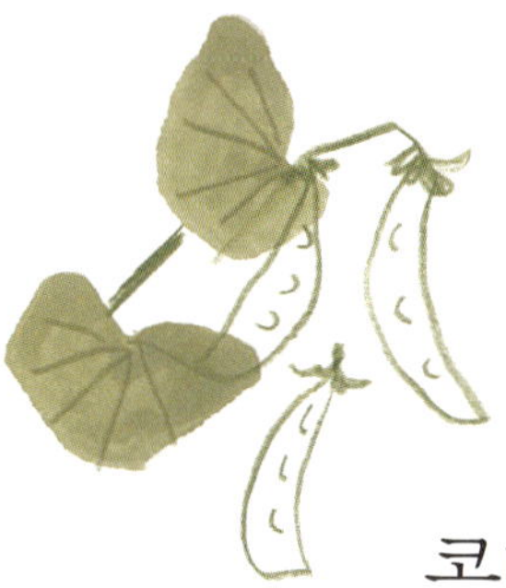

콩비지경단 완두콩소스무침

기본 재료 ★ 찹쌀가루 80g, 콩비지(풀무원) 60g, 삶은 완두콩 4큰술, 호두 1큰술, 꿀 2큰술

tip 찹쌀가루에 콩비지를 넣어 반죽할 때는 한 번에 넣지 말고 조금씩 넣어 되기를 조절하고, 완두콩 대신에 풋콩을 사용해도 괜찮아요. 아니면 홈메이드 팥앙금(116쪽 참조)을 곁들여도 맛있어요.

1 콩비지를 내열 용기에 담아 전자레인지에 넣어 1분 정도 돌려 따끈하게 데운다.
2 볼에 찹쌀가루를 담고 ①을 조금씩 부어가며 귓불처럼 말랑말랑한 정도의 되기가 되도록 한 덩어리로 반죽한다.
3 냄비에 물을 넉넉하게 붓고 팔팔 끓으면 ②의 반죽을 조금씩 떼어 동글납작하게 빚어 넣는데 경단이 위로 동동 떠오르면 1분 정도 더 삶은 다음 냉수에 재빨리 건진다.
4 삶은 완두콩과 호두를 절구에 넣고 거칠게 빻은 다음 꿀을 섞는다.
5 ④에 물기를 뺀 ③의 콩비지경단을 넣고 버무린다.

SET 18

통밀잔치국수
+
고소아게 흑미샐러드
+
튀긴 메밀떡

어렸을 때는 먹지 않다가 나이가 들어 좋아진 음식 가운데 하나가 잔치국수예요. 다시마와 멸치로 순수하고 깔끔하게 우려낸 국물 맛이 잔치국수의 맛을 결정하지요. 이 레서피에는 적지 않았지만 무와 파뿌리 혹은 파줄기를 함께 넣어 국물을 우리면 국물 맛이 훨씬 시원해져요. 애써 정성 들여 우린 국물에 몸에 좋지 않은 하얀 수입 백밀가루로 뽑은 국수를 넣고 싶지 않아 우리밀로 만든 통밀국수를 삶아 만들어보았습니다. 고소아게 흑미샐러드는 고소한 튀김 두부에 톡톡 씹히는 삶은 흑미를 섞은 샐러드예요. 고소아게(풀무원 제품)는 일본에서 즐겨 먹은 '아게토후'와 똑같은 맛이 나서 출시된 후부터 지금까지 즐겨 먹고 있습니다.

1

2

3

통밀잔치국수

기본 재료 ★ 통밀국수 160g, 채 썬 애호박(5cm 길이) 1토막, 채 썬 당근(3cm 길이) 1토막, 말린 표고버섯 2장, 3cm 길이로 썬 팽이버섯 1/4봉지, 김 1장, 다시마(5×10cm 길이) 1조각, 물 4컵, 국간장 1큰술, 소금 · 통깨 · 채 썬 홍고추(장식용) 조금씩

1 냄비에 말린 표고버섯과 다시마를 넣고 물을 부어 푹 끓여 국물을 우려 체에 밭고 건더기 가운데 표고버섯은 얇게 저미고 다시마는 곱게 채 썬다.

2 끓는 물에 통밀국수를 삶아 건져 흐르는 찬물에 씻어 물기를 뺀 다음 그릇에 담는다.

3 ①의 국물에 애호박과 당근, 채 썬 표고버섯, 팽이버섯, 다시마를 넣고 한소끔 끓인 후 국간장과 소금으로 간을 맞춘다.

4 ②에 ③의 장 국물을 붓고 구운 김을 부수어 올린 다음 통깨를 뿌리고 채 썬 홍고추 채로 장식한다.

tip 애호박이나 당근 같은 채소를 볶아서 잔치국수에 올리는 경우도 있는데, 채소를 볶으면 필요 없는 기름을 먹게 되고 국물 맛도 탁해져요.

고소아게 흑미 샐러드

기본 재료 ★ 고소아게(풀무원 제품) 1모, 반 갈라 어슷 썬 오이 1/2개, 얇게 송송 썬 풋고추 2개, 얇게 채 썬 적양파 1/4개, 흑미 3큰술, 드레싱(맛간장 3큰술, 물 2큰술, 매실청 1큰술, 생강즙 1작은술, 참기름 1작은술), 빻은 깨 조금

흑미는 씻어서 물을 넉넉히 붓고 부드럽게 삶은 다음 체에 밭쳐 찬물에 헹군 후 물기를 뺀다. 달군 팬에 기름을 두르지 않고 1.5cm 크기로 깍둑썰기한 고소아게를 넣어 앞뒤, 옆면을 돌려가며 진한 갈색이 돌면서 겉이 바삭해질 때까지 굽는다. 볼에 드레싱 재료를 한데 담아 고루 섞은 후 모든 재료를 섞은 그릇에 드레싱을 끼얹은 다음 빻은 깨를 뿌린다.

tip 흑미는 물을 많이 붓고 삶아야 빨리 삶아지고 쌀알이 탱글탱글하게 살아 있어요.

튀긴 메밀떡

기본 재료 ★ 메밀가루 70g, 다시마국물 1/2컵, 흑임자 · 통깨 각 1 1/2큰술씩, 간장 1큰술, 꿀 1큰술, 소금 조금, 녹말가루 1큰술, 튀김기름 적량

1 냄비에 다시마국물을 부어 따끈하게 데운 다음 간장과 꿀, 소금을 넣어 끓기 바로 직전까지 데우고 물 2 1/2큰술에 푼 녹말가루를 조금씩 넣어 약간 걸쭉한 상태를 만들어 불에서 내린다.

2 다른 냄비에 물 1컵을 부어 따뜻하게 데운 다음 메밀가루를 넣고 나무주걱으로 멍울이 생기지 않도록 잘 섞어주면서 약한 불에서 뻑뻑한 죽을 쒀 한소끔 식힌다.

3 흑임자와 통깨를 각각 볼에 넣고 ②를 한 덩어리 떼어 쥐고 양손으로 반을 나누는데 비틀어 돌려 잡아당겨 원추 모양이 되도록 하고 각각 흑임자와 통깨를 묻힌다.

4 팬의 튀김기름을 180℃로 데워 ③을 넣고 바삭하게 튀겨내고 여분의 기름기를 뺀다.

5 ④가 뜨거울 때 그릇에 담고 ①을 조금 끼얹어준다.

tip 메밀의 쌉살한 맛이 제대로 살아나는 디저트입니다. 자꾸 끌리는 맛이에요.

SET 19

구운 가지와 토마토 쇼트파스타 + 단호박두유포타주 + 두부푸딩 딸기소스

마크로비오틱은 채소 본연의 맛과 영양을 살리는 건강한 조리법을 추구합니다. 그래서 볶고, 튀기는 조리법보다 찌거나 굽는 조리법이 많습니다. 채소를 구우면 채소가 가진 수분이 어느 정도 증발하면서 맛이 응축되어 더욱 맛있어지는데 구울수록 맛있는 채소에는 가지, 토마토, 단호박, 버섯, 고구마 등이 있어요. 가지는 나물을 무칠 때도 찌는 것보다 구운 다음 쪽쪽 찢어서 무치면 더욱 맛있어요. 오늘은 구운 가지와 토마토를 쇼트 파스타와 함께 아몬드케이퍼살사소스에 버무린 파스타예요. 좀 생소한 듯하지만 아몬드케이퍼살사소스가 이국적인 분위기를 내는 요리랍니다. 단호박두유포타주는 단호박이 가장 맛있는 늦여름과 가을에 만들어 보세요. 만들기도 간단하고 우리 입맛에도 친숙한 수프입니다. 후식으로 곁들인 두부푸딩 딸기소스는 무척 부드럽고 달콤하답니다.

구운 가지와 토마토 쇼트파스타

기본 재료 ★ 2.5cm 크기로 깍둑 썬 가지 1개, 1cm 크기로 깍둑 썬 토마토 1개, 저민 통마늘 1통, 올리브유 1큰술, 잘게 썬 양파 1/2개, 화이트와인 비니거 1큰술, 소금 · 후춧가루 조금씩, 민트 1큰술, 아몬드케이퍼살사소스(살짝 볶은 아몬드 35g, 케이퍼 10g, 부순 마른 고추 조금, 엑스트라 버진 올리브유 3큰술, 통마늘 1통, 민트 10g, 레몬즙 1/2개 분량, 소금 조금), 통밀 푸질리 160g

1 오븐 팬에 가지를 얹고 올리브유와 저민 마늘로 마리네이드한 후 180℃로 예열한 오븐에 넣어 20~25분간 부드럽게 굽는다. 굽는 도중에 주걱으로 몇 번 뒤집어준다.

2 볼에 ①을 담고 한 김 식힌 다음 토마토와 양파, 화이트와인 비니거를 넣어 섞은 후 소금과 후춧가루로 간한다.

3 아몬드케이퍼살사소스를 만든다. 아몬드와 케이퍼, 부순 마른 고추를 커터에 넣고 곱게 간다.

4 달군 팬에 엑스트라 버진 올리브유와 통마늘을 넣고 약한 불에서 약간 향이 나도록 볶은 다음 민트를 넣고 30초 정도 그대로 두었다가 불을 끈 후 식힌다.

5 ④를 ③에 조금씩 넣으면서 다시 간 다음 레몬즙을 넣고 소금으로 간을 맞춘다.

6 소금을 넉넉히 넣은 끓는 물에 통밀 푸질리를 넣고 부드럽게 삶은 다음 그릇에 담은 후 ①의 구운 가지를 얹고 아몬드케이퍼살사소스를 조금씩 더해가면서 섞어 먹는다.

tip 통밀 스파게티 외에도 통밀로 만든 푸질리도 대형 마트나 백화점 식품 코너에서 쉽게 구할 수 있어요. 통밀 푸질리는 입자가 거칠기 때문에 삶는 물의 양을 넉넉히 잡고 충분한 시간을 들여 부드럽게 삶아야 맛있게 드실 수 있어요.

단호박두유포타주

기본 재료 ★ 단호박 1/4개, 두유(무가당) 2컵, 양파 1/4개, 식물성유 1큰술, 호박씨 1큰술, 소금 조금

1 양파는 채를 썰어 식물성유를 두른 냄비에서 숨이 죽도록 볶는다.

2 단호박은 속을 파내고 푹 찐 다음 두유 1컵, ①의 양파와 함께 곱게 간다.

3 호박씨는 마른 팬에서 고소하게 볶아둔다.

4 냄비에 ②를 부어 한소끔 끓이고 소금으로 간을 한 뒤 그릇에 담고 호박씨를 뿌린다.

1

2

3

4

tip 여름철에는 두유 대신에 콩물로 만들어도 맛있어요.

1

2-1

2-3

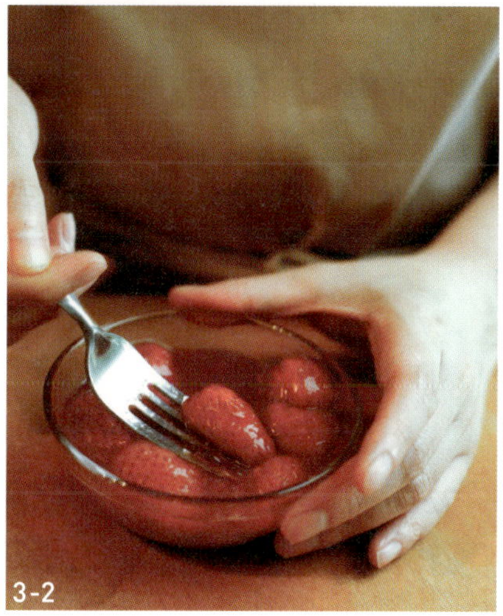
3-2

두부푸딩 딸기소스

기본 재료 ★ a[두부(부침용) 75g, 두유 75cc, 메이플시럽 2큰술, 사과주스 2큰술, 한천가루 1작은술], b(딸기 100g, 메이플시럽 1큰술, 레몬즙 1작은술), 민트 조금

1 냄비에 a의 두유와 메이플시럽, 사과주스, 한천가루를 넣고 뜨겁게 데운다.
2 커터나 믹서에 두부와 ①을 넣고 곱게 간다.
3 ②의 푸딩 반죽을 틀에 담아 냉장고에 넣어 2시간 정도 굳힌다.
4 b의 딸기를 포크로 으깬 후 메이플시럽, 레몬즙과 함께 섞어 ③의 굳힌 푸딩에 올리고 민트로 장식한다.

tip 딸기 대신 블루베리(생것 혹은 냉동)를 사용해도 아주 맛있어요.

SET 20

아보카도 망고소스 콜드파스타 + 호박씨 바질드레싱 두부샐러드 + 흑임자 두부아이스크림

아보카도나 망고는 열대과일이라 음성이 강한 식품으로 마크로비오틱에서 권장하는 식품 재료는 아닙니다. 하지만 아보카도는 간혹 버터나 마요네즈 베이스의 스프레드 대용으로 사용하기도 하죠. 아보카도는 올리브유처럼 오메가-9 지방산을 풍부하게 함유하고 있는 식품으로, 필수지방산은 아니지만 심혈관 질환과 고혈압을 예방하는 효능이 있습니다. 이번에는 아보카도와 망고 소스로 버무린 차가운 파스타를 만들어보았습니다. 여기에 잘 어울리는 샐러드로 수분을 쪽 빼서 치즈와 같은 식감을 낸 두부와 토마토에 호박씨바질드레싱을 끼얹었고요. 후식으로 준비한 아시안풍의 흑임자 두부아이스크림은 고소한 맛이 농후하게 느껴지는 아이스크림으로, 한식 · 일식 · 양식 모두에 잘 어울리는 디저트입니다.

아보카도 망고소스 콜드파스타

기본 재료 ★ 스파게티 면 160g, 살사[다진 양파 1/4개, 0.5cm 크기로 깍둑 썬 토마토 1/2개, 0.5cm 크기로 깍둑 썬 망고(통조림) 40g, 다진 셀러리 잎 1/2작은술, 레몬즙 2작은술, 엑스트라 버진 올리브유 1큰술, 타바스코(핫소스) 조금, 소금 · 후춧가루 조금씩], 아보카도 망고소스[아보카도 1/2개, 망고(통조림) 2쪽, 엑스트라 버진 올리브유 2큰술, 레몬즙 1큰술, 다진 마늘 1/4작은술, 소금 조금], 셀러리 잎 조금

볼에 살사 드레싱의 재료를 전부 섞어 냉장고에 넣어 차게 두고, 아보카도 망고소스의 모든 재료를 커터에 넣고 곱게 간다. 냄비에 물을 넉넉히 부은 다음 소금을 넉넉히 넣고 스파게티 면을 넣어 삶은 후 찬물에 건져 물기를 뺀다. 삶은 스파게티 면에 아보카도 망고소스를 넣어 버무려 그릇에 담고 차가운 살사 드레싱을 끼얹은 다음 셀러리 잎으로 장식한다.

tip 냉장고에 넣어 차갑게 두었다가 먹어도 맛있어요.

흑임자 두부아이스크림

기본 재료 ★ 흑임자(볶은 것) 50g, 두유 1컵, 황설탕 50g, 옥수수녹말가루 5g, 생식용 두부 150g

흑임자를 커터에 넣어 곱게 갈아 두유, 황설탕, 옥수수녹말가루와 함께 냄비에 넣고 중간 불에서 약간 걸쭉해질 때까지 끓인 다음 상온에서 식힌다. 생식용 두부의 물기를 닦고 커터나 믹서에 넣어 곱게 갈아 ①의 베이스에 두세 번에 나누어 넣어가며 고루 섞는다. 용기에 담아 냉동실에 넣은 다음 표면이 얼면 도중에 꺼내어 포크로 긁어가며 섞어준 후 다시 냉동실에 넣어 굳히는 데, 이 작업을 30분에서 1시간에 한 번씩 반복한다.

tip 흑임자를 먼저 커터에서 반 페이스트 상태가 되도록 충분히 간 다음 나머지 재료를 넣어 갈아야 곱게 갈려요.

1

2

3

4

tip 두부의 물기를 잘 빼야 치즈의 식감을 낼 수 있어요. 이때 사용하는 두부는 부드럽고 탱탱한 식감의 생식용 두부를 사용해야 더욱 맛있고요.

호박씨 바질드레싱 두부샐러드

기본 재료 ★ 생식용 두부(혹은 순두부) 1모, 토마토(완숙) 1개, 방울토마토(색깔별로) 1컵, 베이비채소 1팩, 레몬 1/4개, 호박씨바질드레싱(바질 1팩, 호두 4알, 엑스트라 버진 올리브유 4큰술, 레몬즙 1큰술, 소금 · 후춧가루 조금씩)

1 두부는 면포에 싸서 체에 밭쳐 무거운 것으로 눌러 하룻밤 동안 물기를 뺀다.

2 토마토는 8등분으로 썰고, 방울토마토는 작은 것은 그대로, 큰 것은 반으로 썬다.

3 커터에 분량의 호박씨바질드레싱 재료를 전부 넣고 곱게 갈아 호박씨바질드레싱을 만든다.

4 접시에 ①의 두부를 손으로 적당히 뜯어 토마토와 방울토마토, 베이비채소와 함께 담고 ③의 호박씨바질드레싱을 끼얹은 후 레몬을 곁들인다.

SET 21

호두깻잎소스 단호박뇨키 + 양파새송이버섯 발사믹조림 + 콩가루당근쿠키

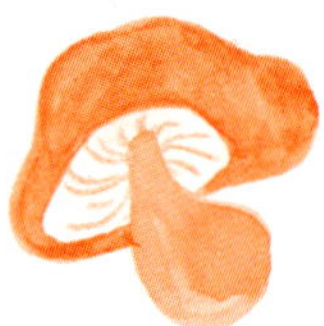

가끔 한가한 날이면 시간과 정성이 드는 요리를 하고 싶어질 때가 있습니다. 이런 날이 많지는 않지만 저는 모처럼의 한적함을 산책이나 영화를 보면서 시간을 보내기보다 김치를 담그거나 나물을 손질해 말리는 걸로 소일해요. 가을 제철일 때는 게장을 담는 게 일이니 요리가 제 천직임에 틀림없는 것 같습니다. 오늘 식단은 단호박과 밀가루로만 반죽하여 만드는 단호박뇨키인데, 우리 입맛에 맞게 호두깻잎소스를 만들어 버무렸어요. 뇨키를 만드는 데 시간이 조금 걸리기는 하지만, 분위기 있는 음악을 틀어두고 느긋하게 즐기면서 만들어보세요. 콩가루당근쿠키는 오븐이 없어도 팬에서 손쉽게 구울 수 있는 쿠키예요. 콩가루가 들어가 고소하면서도 당근을 함께 넣어 산뜻한 맛이 느껴지는 아주 맛있는 쿠키이니 꼭 만들어보세요.

호두깻잎소스단호박뇨키

기본 재료 ★ 단호박 1/4개(약 300g), 우리밀 밀가루 1/2컵(약 60g), 소금 1/3작은술, 호두깻잎소스[호두 80g, 깻잎 30g, 된장 1/4작은술, 두유 2/3컵, 호두유(또는 현미유) 2큰술], 소금 조금

1 단호박은 반으로 갈라 껍질을 벗기지 않고 속의 씨만 긁은 다음 2cm 크기로 숭덩숭덩 썰어 전자레인지에 돌리거나 찜통에서 부드럽게 익힌다.

2 ①의 단호박이 뜨거울 때 홍두깨로 으깨어 소금과 우리밀 밀가루를 조금씩 넣어가며 손으로 반죽한다. 너무 오래 반죽하면 질겨지므로 한 덩어리로 뭉쳐지는 정도로만 반죽한다.

3 ②를 조금씩 떼어 손으로 동글납작하게 단호박경단을 빚는다.

4 냄비에 물을 넉넉하게 붓고 소금을 조금 넣어 팔팔 끓으면 ③의 단호박경단을 넣어 5분 정도 삶은 다음 체에 건진다. 이때 삶은 물은 남겨둔다.

5 호두깻잎소스의 재료를 커터에 넣고 곱게 간 다음 ④의 삶은 물 3~4큰술을 섞어 묽게 농도를 맞춘 후 단호박뇨키 위에 끼얹는다.

tip 단호박의 껍질이 너무 거칠고 두꺼우면 울퉁불퉁한 부분만 칼로 저며서 사용하세요.

1

2-1

3

4-1

4-2

5

tip 양파를 동그랗게 썰지 않고 한 개를 6등분으로 썰어서 만들어도 좋아요.

양파새송이버섯 발사믹조림

기본 재료 ★ 양파 2개, 새송이버섯 2개, 발사믹 3큰술, 레드와인(또는 화이트와인) 4큰술, 간장 3 1/2큰술, 꿀 2 1/2큰술, 통후추 1작은술, 월계수 잎 1장

1 양파는 껍질을 벗기고 1cm 두께로 모양을 살려 동그랗게 썬다. 새송이버섯은 1cm 두께로 동그랗게 썬다.

2 냄비에 발사믹과 간장, 레드와인, 물엿, 통후추, 월계수 잎을 넣고 ①의 양파와 새송이버섯을 넣는다.

3 수분이 부족한 듯하지만 끓이는 동안 채소에서 수분이 나오므로 그대로 약한 불에서 뭉근하게 졸이면서 가끔씩 국물을 끼얹어준다.

4 ③의 국물이 자작하게 졸아들고 양파의 숨이 죽으면 불을 끈다.

2

3

콩가루당근쿠키

기본 재료 ★ 볶은 콩가루 70g, 우리밀 밀가루 30g, 당근 100g, 곱게 빻은 깨 30g, 잘게 썬 건포도 1큰술, 꿀 2큰술, 소금 조금

1 당근은 강판에 갈아 수분이 너무 많으면 살짝 물기를 짠다.

2 볼에 콩가루와 우리밀 밀가루, 곱게 빻은 깨, 소금을 넣어 섞은 후 건포도와 꿀, ①의 당근을 넣어 고루 섞는다.

3 ②를 조금씩 떼어 동글납작하게 빚은 다음 기름을 조금 두른 팬에 넣고 뚜껑을 닫은 채 약한 불에서 앞뒤로 노릇노릇하게 굽는다.

2-1

2-2

3-1

3-2

tip 과정 ②의 반죽 상태는 너무 질척해서 손에 묻어나도 안 되고, 너무 퍽퍽하면 잘 익지 않으므로 되기 조절을 잘해야 해요.

SET 22

채소밭 피자 + 기장쿠스쿠스 샐러드 + 홈메이드 크래놀라

쉬는 날 잘 만드는 음식 가운데 하나가 피자입니다. 모양에 구애받지 않고 철판 크기에 맞춰 네모꼴로 만들기도 하고, 동그랗게 만들기도 하고, 토핑 재료도 그때그때 마음 내키는 대로 냉장고에 남은 재료를 찾아서 올려 굽습니다. 이제 선보일 채소밭 피자는 마크로비오틱에서 응용한 피자로, 햄과 고기, 치즈가 듬뿍 뿌려진 시중에서 파는 기름진 피자에서는 느낄 수 없는 자연의 소박함을 맛볼 수 있는 피자입니다. 채소밭 피자 도(dough)에 저는 호두깻잎소스를 발라 사용했지만 바질페스토를 사용해도 좋아요. 채소밭 피자와 곁들어 먹기 좋은 기장쿠스쿠스 샐러드는 쿠스쿠스 대신 기장만 삶아 샐러드로 만들어 먹어도 든든하답니다.

1

2

4

5

채소밭 피자

기본 재료 ★ 애호박(4~5cm 길이) 1토막, 가지 1개, 감자 1개, 단호박 1/8개, 토마토 1/2개, 마늘종 2대, 파프리카(빨강 · 노랑) 1/6개씩, 화이트와인 2큰술, 소금 · 후춧가루 · 올리브유 조금씩, 견과류(볶은 호두 · 해바라기씨 · 호박씨) 총 1/2컵, 두유 1컵, 호두깻잎소스(148쪽 참고) 100g, 피자 도(228쪽 참고)

1 애호박과 가지, 감자, 단호박은 모두 1.5cm 크기로 깍둑 썰고, 파프리카는 1.5cm 크기의 네모꼴로 썬다. 토마토는 속의 씨를 빼고 1.5cm 크기로 깍둑 썬다. 마늘종은 1cm 길이로 썬다.

2 볼에 견과류를 담고 두유를 부어 1시간 정도 불린 다음 커터에 담아 소금을 조금 넣은 후 곱게 간다.

3 ①의 감자와 단호박은 각각 전자레인지에서 2~3분 정도 돌려 살캉하게 익힌다.

4 달군 팬에 올리브유를 두르고 감자와 단호박, 애호박, 가지, 마늘종을 차례대로 넣어가며 볶아 익히고 소금과 후춧가루로 간한다.

5 준비한 피자 도 위에 호두깻잎소스를 펴 바른 다음 ④의 볶은 토핑 재료와 토마토를 올리고 ②의 견과류 페스토를 군데군데 올린 후 220℃로 예열한 오븐에서 10분 정도 굽는다.

기장쿠스쿠스 샐러드

기본 재료 ★ 기장 1컵, 1cm 크기로 깍둑 썬 아보카도 1/2개, 0.5cm 크기로 썬 파프리카(빨강) 1/4개, 0.5cm 크기로 썬 양파 4큰술, 케이퍼 1/2큰술, 방울토마토 4~6개, 엑스트라 버진 올리브유 2큰술, 소금 · 후춧가루 조금씩, a(엑스트라 버진 올리브유 2큰술, 카레가루 1작은술, 레몬즙 1 1/2큰술, 간장 1작은술, 소금 · 후춧가루 조금씩), 바질 4장

1 기장은 여러 번 물에 헹궈 씻은 후 냄비에 넣고 넉넉한 물(기장 양의 3~4배)을 부어 알갱이가 부드럽게 익도록 삶은 다음 체에 밭쳐 건지고 찬물에 여러 번 헹군 후 물기를 뺀다.

2 a의 카레가루를 볼에 담고 간장을 넣어 잘 갠 다음 레몬즙과 엑스트라 버진 올리브유, 소금 · 후춧가루를 차례대로 넣어 섞는다.

3 ①과 아보카도, 파프리카, 양파, 케이퍼를 볼에 담고 엑스트라 버진 올리브유와 소금 · 후춧가루로 버무린다.

4 ③을 모양 틀이나 컵에 눌러가며 담아 모양을 낸 다음 접시에 그대로 뒤집어 놓고 ②의 소스를 끼얹은 후 방울토마토와 바질로 장식한다.

tip 기장을 삶을 때는 꼭 물을 많이 부어 삶아야 알갱이가 살아 있어요.

홈메이드 크래놀라

기본 재료 ★ a(아몬드 · 캐슈너트 · 호두 총 1 1/2컵, 오트밀 1/2컵, 우리밀 밀가루 1/2컵, 계핏가루 2작은술, 소금 1/4작은술), b(포도씨유 3큰술, 메이플시럽 4큰술), 말린 과일(사과 · 크랜베리) 총 1/2컵

1 아몬드와 캐슈너트, 호두를 작게 썰어 볼에 담고 a의 나머지 재료를 전부 넣어 섞는다.

2 b의 재료를 다른 볼에 넣어 섞은 다음 ①에 넣어 고무주걱으로 섞는다.

3 오븐 팬에 ①을 펼친 후 160℃로 예열한 오븐에 넣어 5분간 구운 다음 팬을 꺼내 전체적으로 고루 섞는다. 이 작업을 3~4번 반복한다.

4 ③의 크래놀라가 전체적으로 타지 않고 바삭바삭하게 구워졌으면 꺼내어 잘게 썬 말린 과일을 고루 섞는다.

1-1

1-2

2

3

4

tip 한번에 넉넉히 만든 다음 밀폐용기에 담아 서늘한 곳에서 보관하면 한 달 정도 먹을 수 있어요. 우유 대신 두유에 현미시리얼과 함께 섞어서 내어놓으면 아이들 간식으로도 좋아요.

SET 23

샐러드피자
+
토마토샐러드
+
애플파이

피자 도 위에 고소한 견과류소스를 발라 구운 다음 드레싱에 버무린 신선한 채소 샐러드를 듬뿍 올려먹는 샐러드피자도 피자를 건강하게 먹는 방법 같아요. 만들기도 간편하고요. 피자 도는 한번 만들 때 제시된 분량(228쪽 참고)의 두 배 정도를 만들어서 냉동 보관했다가 실온에서 해동해 사용하면 좋아요. 피자 도를 만드는 과정 4번까지 1차 발효를 마친 반죽을 한번 만들 분량만큼씩 나눠 냉동 보관하면 된답니다. 이렇게 하면 피자가 먹고 싶을 때 언제든 간편하게 만들 수 있어요. 토마토샐러드는 카나페 형식의 샐러드로 햄이나 어패류를 사용하지 않고 채소만으로 만들었는데도 아주 맛있습니다. 말린 표고버섯을 갈아 넣은 소스에 숨은 비결이 있지요. 애플파이는 만두피로 간단하게 만들 수 있는 즉석 파이로, 사과를 조릴 때 설탕을 넣지 않고 건포도를 넣어 단맛을 보충했어요.

2

3

4-1

4-2

샐러드피자

기본 재료 ★ 아보카도 1개, 로메인상추 5장, 치커리 잎 4~5줄기, 베이비채소 2컵, 방울토마토 5개, 양파 1/4개, 견과류(볶은 호두 · 해바라기씨 · 호박씨) 총 1/2컵, 두유 1컵, 소금 조금, 드레싱(키위 1/2개, 엑스트라 버진 올리브유 3큰술, 레몬즙 1/2큰술, 꿀 1작은술, 소금 · 후춧가루 조금씩), 피자 도(228쪽 참고), 파르메산 치즈(혹은 그뤼에르 치즈) 적당량

1 볼에 견과류를 담아 두유를 부어 1시간 이상 불린 다음 소금을 조금 넣고 믹서에 곱게 간다.

2 피자 도 위에 ①을 펴 바른 다음 220℃로 예열한 오븐에서 7분 정도 바삭하게 굽는다.

3 아보카도는 1.5cm 크기로 깍둑 썰고 로메인상추와 치커리 잎은 먹기 좋게 손으로 뜯는다. 방울토마토는 1/4등분으로 썰고 양파는 채 썬다.

4 드레싱 재료를 한데 커터에 넣고 곱게 갈아 ③의 채소에 고루 버무린다.

5 ②의 구운 피자 도 위에 ④의 샐러드를 소복하게 올린 다음 취향에 따라 파르메산 치즈나 그뤼에르 치즈를 갈아서 뿌린다.

tip 샐러드를 만드는 모든 채소는 피자 도에 올리기 직전까지 냉수에 담갔다가 키친타월로 물기를 잘 빼서 올려야 아삭아삭한 식감이 오래 살아 있어요.

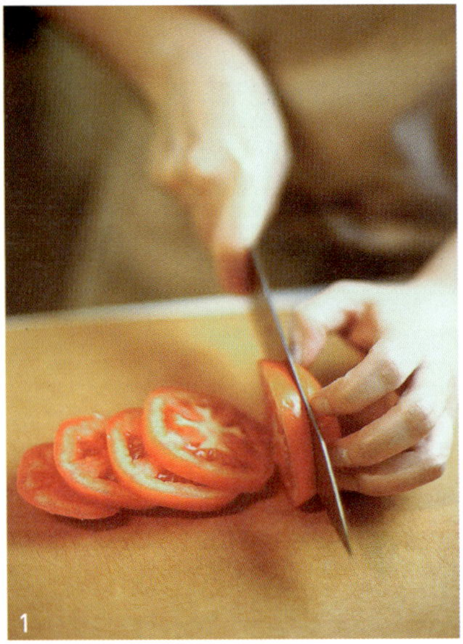

토마토샐러드

기본 재료 ★ 토마토 4개, 양파 1/4개, 셀러리 1대, 소스(말린 표고버섯 1장, 홀그레인 머스터드 1작은술, 다진 마늘 1/2작은술, 화이트와인 2작은술, 레몬즙 1큰술, 화이트와인 비니거 3큰술, 엑스트라 버진 올리브유 70cc, 소금 1작은술, 후춧가루 조금), 레몬 1/2개

1 토마토는 모양을 살려 1cm 두께로 둥글게 슬라이스하고 양파와 셀러리 줄기는 잘게 다진다.

2 소스 재료 가운데 말린 표고버섯은 커터에 갈아 볼에 담은 다음 나머지 재료를 모두 넣고 거품기로 휘핑하며 고루 섞는다.

3 ②에 ①의 양파와 셀러리를 넣어 섞는다. 레몬은 얇은 은행잎꼴로 썰고 셀러리 잎은 거칠게 다진다.

4 ①의 토마토를 접시에 담고 그 위에 ③의 샐러드를 올린 다음 레몬과 셀러리 잎으로 장식한다.

tip 냉장고에 넣었다가 차갑게 해서 드시면 더 맛있어요.

1-2

2

3

4-1

4-2

5

애플파이

기본 재료 ★ 사과조림[사과 2개, 건포도 1/4컵, 사과주스 1/2컵, 계핏가루(취향에 맞춰) 조금, 녹말물(녹말가루+물 2큰술씩) 3큰술], 만두피 8장, 우리밀 밀가루 1큰술, 물 2큰술, 튀김기름 적당량

1 사과는 8등분으로 썬 다음 다시 얇게 은행잎꼴로 저며 냄비에 건포도, 사과주스와 같이 넣은 후 약한 불에서 서서히 졸인다.

2 ①의 사과가 반투명하게 되면서 숨이 죽으면 계핏가루를 넣은 다음 녹말물을 조금씩 넣어가며 걸쭉하게 농도를 맞추고 불을 끈 후 상온에서 식힌다.

3 우리밀 밀가루를 물에 갠다.

4 만두피 한 장에 ②의 졸인 사과를 중앙에 조금 두고 만두피 가장자리에 ③을 풀처럼 묻혀 반으로 접은 후 포크로 가장자리를 꼭꼭 눌러 아물린 다음 포크로 만두피의 앞뒤를 한번씩 찔러 공기구멍을 만든다.

5 170℃로 끓인 기름에 ④의 파이 셀을 넣어 바삭하게 튀긴다.

tip 춘권피로 만들면 더욱 가볍고 바삭바삭한 식감이 나요.

아이들을 위한 마크로비오틱 집밥 한 접시

SET 24 홍미두유죽, 깻잎톳전

SET 25 옥수수삼각김밥, 고소아게 시금치된장국, 감자당근채전

SET 26 메밀 토르티야, 기장을 넣은 미네스트로네

SET 27 수수짜장면, 두붓국, 오이토마토피클

SET 28 모양초밥, 양송이맑은장국

SET 29 감자오이두부샌드위치, 고구마카레수프

SET 30 감태주먹밥, 단호박청경채국, 새콤달콤무생채

SET 31 검정콩현미밥 유부초밥, 미역미소된장국

SET 32 단호박을 싼 찰흑미밥, 콩볶음

SET 33 현미검정콩밥양배추부침개, 당근사과소이주스

PART3

아이들을 위한 마크로비오틱 집밥 한 접시에서는 사랑하는 아이들을 위해 마크로비오틱 식단을 한 접시로 만드는 건강한 메뉴를 소개합니다. 어려서부터 최대한 자연에 가까운 맛에 길들여지면 몸도 마음도 건강한 아이로 자라게 됩니다. 간식 메뉴는 물론 한 끼 식사로도 좋아요.

SET 24

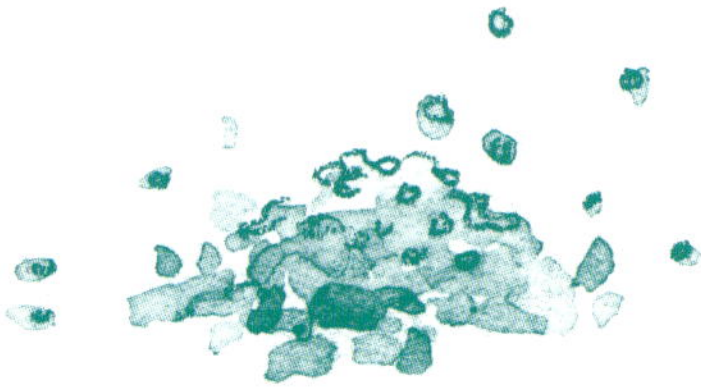

홍미두유죽 + 깻잎톳전

홍미는 붉은빛이 도는 현미쌀인데 아직껏 접하지 못한 분이 많아 생소할 수도 있을 거예요. 홍미를 구할 수 없으면 일반 현미나 현미에 흑미를 조금 섞어 두유죽을 끓여도 괜찮아요. 홍미는 항산화 작용과 해독 작용을 한다고 알려져 있습니다. 단, 죽을 끓이는 두유는 꼭 무가당을 사용하세요. 제가 즐겨 사용하는 무가당 두유는 '한국콩두유'와 '한살림두유'입니다. 두 제품 모두 올리고당이 소량 들어가 있지만, 일단 국산 콩으로 만들었고 첨가물이 적습니다. 한국콩두유는 진하고 걸쭉하면서 농후한 맛이 좋고 한살림두유는 가벼운 느낌이라 아이들 먹이기에 좋은 것 같습니다. 홍미두유죽에 곁들인 깻잎톳전은 칼슘을 풍부하게 함유해 아이들 간식거리로도 좋은 부침개입니다.

BIO+DELI

BIO+DELI

홍미두유죽

기본 재료 ★ 홍미 1/4컵, 두유(무가당) 1 1/2컵, 마크로깨소금 조금

홍미는 씻은 다음 물 1 1/2컵을 부어 부드러운 홍미밥을 짓는다. 홍미밥에 두유를 붓고 약한 불에서 한소끔 끓인 다음 불에서 내리고 마크로깨소금을 뿌린다.

tip 이 요리에 사용한 두유는 '소이라떼'입니다.

깻잎톳전

기본 재료 ★ 곱게 채 썬 깻잎 20장, 3~4cm 길이로 썬 부추 80g, 채 썬 피망 1/2개, 채 썬 홍피망 1/4개, 찐 톳 5g , 밀가루 2컵, 물 2컵, 소금 · 후춧가루 · 식용유 조금씩

1 찐 톳은 뜨거운 물에 10분 정도 불린 다음 채에 밭쳐 냉수에 헹구고 먹기 좋은 길이로 썬다.

2 볼에 밀가루와 물을 넣어 거품기로 잘 섞고 소금과 후춧가루로 간을 약하게 한다.

3 ②에 ①과 채소들을 넣고 섞는다.

4 팬에 식용유를 두르고 ③을 국자로 떠서 펼쳐 앞뒤로 노릇노릇하게 부친다.

tip 찐 톳은 톳을 쪄서 말린 것으로 백화점이나 인터넷쇼핑몰 등에서 구할 수 있어요. 톳은 칼슘이 풍부해 성장기 아이들에게 좋은 식품이지요.

SET 25

옥수수삼각김밥
+
고소아게 시금치된장국
+
감자당근채전

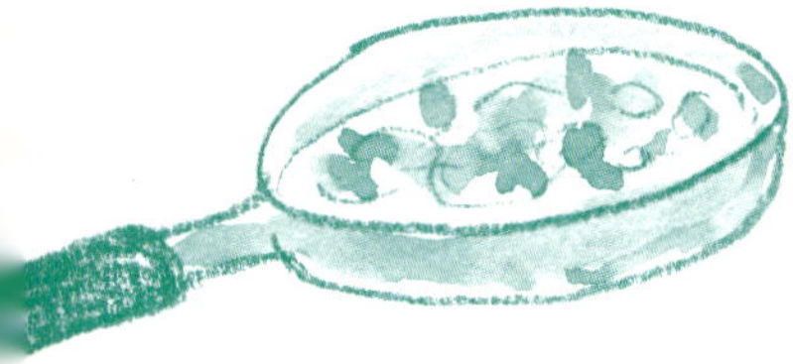

아이들 식사에서 가장 중요하게 생각하는 것은 밥을 제대로 먹이는 것입니다. 한 끼에 밥과 반찬이 제대로 균형을 이룬 식사를 해야 필요한 영양 성분과 칼로리가 충족돼 간식이나 군것질을 하지 않거든요. 아이가 밥을 맛있게 먹을 수 있는 방법을 연구해 식탁이 즐거워지도록 해보자고요. 8월 무렵 옥수수가 한창일 때, 옥수수를 넉넉히 사서 삶은 다음 알갱이만 떼서 냉동실에 보관해뒀다가 옥수수통조림이 들어가는 모든 요리에 대신 사용하면 좋답니다. 아이들이 좋아하는 삼각김밥을 만들 때 이 옥수수알갱이와 완두콩을 넣어 만들면 색감도 예쁠뿐더러 식감까지 좋아 아이들이 참 맛있게 먹어요. 이 삼각김밥에 가장 잘 어울리는 메뉴는 시금치된장국이에요. '고소아게'라는 풀무원의 튀김두부를 넣어주면 일반 두부와는 다른 색다른 된장국 맛을 즐길 수 있어요.

1

2

3

옥수수삼각김밥

기본 재료 ★ 옥수수(알갱이만) 3큰술, 완두콩 2큰술,
발아현미밥(혹은 오분도미밥) 1 1/2공기, 마크로흑임자소금 조금

1 옥수수는 생옥수수에 소금을 조금 넣고 삶은 다음 알갱이만 발라낸 것을 사용한다.

2 완두콩은 씻어서 약간의 소금(분량 외)에 버무려 두었다가 끓는 물에 넣고 2분 정도 삶은 뒤 식을 때까지 그대로 두었다가 건진다.

3 따끈한 발아현미밥에 ①과 ②를 넣어 섞어주고 손으로 삼각꼴 모양으로 빚은 다음 마크로흑임자소금을 조금 묻혀준다.

tip 아이들이 부드럽게 먹기 좋도록 발아현미나 오분도미를 사용해요.

고소아게 시금치된장국

기본 재료 ★ 고소아게(풀무원 제품) 1/2모, 2cm 길이로 썬 시금치 3줄기, 다시마(5×5cm 길이) 1조각, 물 3컵, 된장 1 1/2큰술

냄비에 물을 붓고 다시마를 넣어 끓여 밑국물을 우린 다음 다시마를 건져낸 후 1cm 크기의 네모꼴로 썬다. 밑국물에 된장을 풀어 한소끔 끓인 다음 1cm 크기로 깍둑썰기한 고소아게 두부와 시금치, 네모꼴로 썬 다시마를 넣고 한번 더 우르르 끓인다.

tip 고소아게 두부 대신에 일반 두부와 유부를 조금 넣어도 맛있어요.

감자당근채전

기본 재료 ★ 곱게 채 썬 감자 1개, 곱게 채 썬 당근 1/3개, 녹말가루 2큰술, 물 3큰술, 소금 · 후춧가루 · 현미유 · 토마토케첩 조금씩

볼에 감자와 당근, 녹말가루, 물을 넣어 멍울이 지지 않게 섞어 반죽을 만든 뒤 소금과 후춧가루로 간한다. 달군 팬에 현미유를 두르고 반죽을 조금씩 떠넣어 납작하게 펴서 앞뒤로 노릇노릇하게 지진 다음 토마토케첩을 곁들여낸다.

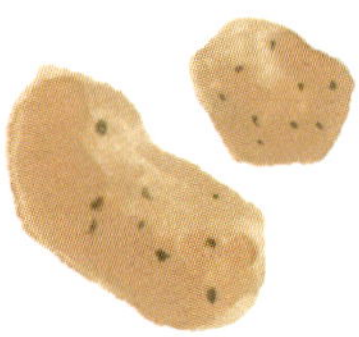

tip 감자는 되도록 곱게 채를 썰어야 감자의 녹말 성분이 잘 배어나와 전이 흩어지지 않고 고루 익는답니다.

SET 26

메밀토르티야 + 기장 넣은 미네스트로네

아이들은 갖은 채소와 고기를 넣어 돌돌 만 토르티야를 참 좋아하죠. 가벼운 점심이나 간식으로 가끔 먹고 싶어지는 토르티야를 우리밀 밀가루와 메밀가루를 섞어 홈메이드 방식으로 만들어보았어요. 아이들과 같이 만들면 더욱 재미있어요. 엄마가 토르티야 반죽을 구워주면 아이들이 준비한 채소를 넣어 말게 하는 식으로 해보세요. 또한 애써 집에서 건강하게 만든 토르티야에 청량음료를 준비하지 마시고 갖은 채소를 넣은 토마토 수프인 미네스트로네를 끓여 곁들여주세요. 저는 여기에 조금 허전하다 싶으면 기장이나 조, 율무와 같은 잡곡류를 넣어 같이 끓여요.

lunch

1-1

1-2

2

4-1

4-2

메밀토르티야

기본 재료 ★ 토르티야 반죽(우리밀 밀가루 1/2컵, 메밀가루 1/2컵, 물 1 1/2컵, 소금 조금), 곱게 채 썬 양배추(잎) 2장 분량, 채 썬 파프리카(빨강 · 노랑) 1/4개씩, 잘 익은 아보카도 1개, 머스터드 1작은술, 소금 · 후춧가루 조금씩, 발사믹크림소스(시제품) 조금

1 토르티야 반죽을 만든다. 볼에 우리밀 밀가루와 메밀가루, 소금을 넣고 물을 부어 멍울이 지지 않게 고루 섞은 다음 기름을 조금 두른 팬에 국자로 떠넣어 넓게 펼쳐 앞뒤로 노릇노릇하게 굽는다.

2 아보카도는 과육만 발라내어 포크로 짓이긴다.

3 양배추와 파프리카를 볼에 넣고 ②의 아보카도 과육과 머스터드를 넣어 섞은 다음 소금과 후춧가루로 간한다.

4 ①의 토르티야를 도마 위에 두고 ③을 얹은 다음 발사믹크림소스를 끼얹어 돌돌 말아 싼 후 먹기 좋은 크기로 썬다.

기장 넣은 미네스트로네

기본 재료 ★ 토마토(완숙) 1개, 1.5cm 크기의 네모꼴로 썬 파프리카(노랑 · 주황) 1/4개씩, 1.5cm 크기의 네모꼴로 썬 양파 1/4개, 1.5cm 크기의 네모꼴로 썬 당근 1/6개, 1.5cm 크기의 네모꼴로 썬 양배추(잎) 1장, 저민 마늘 1쪽, 기장 3큰술, 각종 허브류(바질 · 딜 · 월계수잎) 적당량씩, 소금 · 후춧가루 · 엑스트라 버진 올리브유 조금씩

1 기장은 체에 밭쳐 씻은 다음 냄비에 물을 넉넉히 붓고 부드럽게 삶아 찬물에 건진다.
2 냄비에 준비한 채소를 전부 넣고 물 3 1/2컵을 부은 다음 채소가 완전히 익을 때까지 끓이다가 각종 허브류를 넣어 맛과 향을 더한다.
3 보통 수프보다 약간 걸쭉해지는 정도로 졸아들면 ①의 기장을 넣어 한소끔 더 끓인 후 소금과 후춧가루로 간을 맞추고 그릇에 담은 다음 엑스트라 버진 올리브유를 조금 떨군다.

tip 채소는 상황에 따라 남은 자투리 채소를 이용하세요.

SET 27

수수짜장면 + 두붓국 + 오이토마토피클

마크로비오틱에서는 국수도 가능한 백밀국수보다는 통밀국수나 스파게티 면을 사용합니다. 그래서 오늘 아이들 식단에서는 통밀국수로 면발을 대신하고, 고기 대신 수수로 고기의 씹는 식감을 살린 수수짜장면을 만들어보았습니다. 순수 채식 짜장면으로 완성했는데, 두붓국으로 조금 허전해 보이는 식탁을 채웠어요. 짜장면에 어울리는 피클도 곁들였고요. 오이만으로는 심심한 듯해 방울토마토와 함께 피클을 만들어보았답니다.

수수짜장면

기본 재료 ★ 수수 4큰술, 물 3/4컵, 1cm 크기로 깍둑 썬 감자 1/2개, 1cm 크기의 네모꼴로 썬 양파 1/2개, 브로콜리 1/2송이, 우리밀 짜장 2큰술, 다시마 우린 물 1컵, 통밀국수 160g, 현미유 · 참기름 조금씩

1 수수는 체에 밭쳐 물에 여러 번 헹궈 씻은 후 분량의 물을 부어 1시간 이상 불린 다음 불에 올려(바로 삶을 경우에는 물의 양을 1/2컵 더해야 함) 진밥 상태가 되도록 끓인다.

2 브로콜리는 먹기 좋은 크기로 송이를 나눠 끓는 물에 소금을 넣고 살짝 데쳐 건진 다음 더욱 잘게 썬다.

3 달군 팬에 현미유를 두르고 약한 불에서 양파를 볶아 단맛을 낸 다음 감자를 넣어 볶는다.

4 다시마 우린 물에 우리밀 짜장을 잘 풀어서 ③에 넣고 ①의 수수와 ②의 브로콜리를 넣어 한소끔 끓인 다음 불에서 내린 후 참기름을 조금 떨군다.

3-1

3-2

4-1

4-2

tip 우리밀 짜장은 짠맛이 강하므로 조금씩 넣어 가며 간을 맞추세요.

두붓국

기본 재료 ★ 1cm 크기로 깍둑 썬 생식용 두부 1/2모, 송송 썬 쪽파 1뿌리 분량, 다시마(5×10cm 길이) 1조각, 소금·후춧가루 조금씩

냄비에 다시마를 넣고 팔팔 끓여 국물을 우린 다음 다시마를 건져 잘게 다져 다시 국물에 넣는다. 여기에 생식용 두부를 넣고 소금·후춧가루로 간을 맞춘 다음 한소끔 끓으면 불을 끈 후 쪽파를 넣는다.

오이토마토피클

기본 재료 ★ 오이 2개, 방울토마토 10개, 피클액(현미식초 · 물 2/3컵씩, 황설탕 1/3컵, 소금 1작은술, 월계수잎 1장)

오이는 굵은소금으로 박박 비벼서 씻은 뒤 5cm 길이로 썬 다음 6등분 하여 썬다. 방울토마토는 꼭지를 떼고 끓는 물을 끼얹은 후 냉수에 담가 부드러운 껍질을 벗긴다. 냄비에 피클액 재료를 한데 넣고 팔팔 끓인 뒤 한 김 식힌 다음 밀폐 용기에 오이와 방울토마토를 넣어 담가 냉장고에서 하루 동안 숙성한 뒤 먹는다.

tip 냉장고에서 2주 정도 보관하면서 먹을 수 있어요.

SET 28

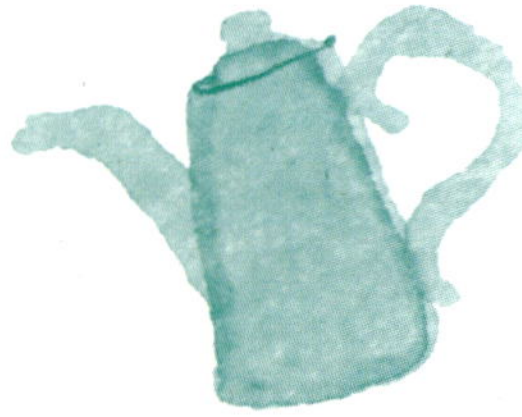

모양초밥 + 양송이맑은장국

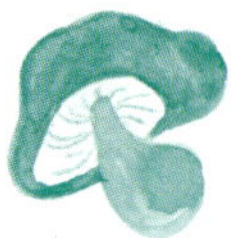

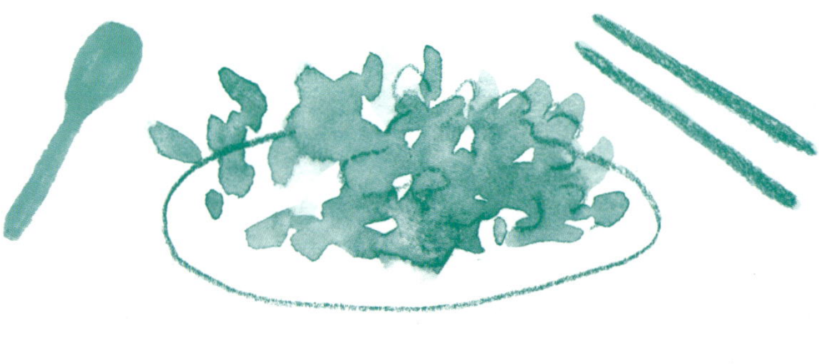

아이들이 좋아하는 모양으로 새콤달콤한 초밥을 만들어 보았어요. 초밥에 들어가는 재료로 물에 씻은 새콤한 묵은지와 오이, 당근을 골랐어요. 그리고 밥을 안칠 때 맛을 내기 위해 넣은 다시마와 말린 표고버섯도 밥을 지은 뒤 버리지 않고 다시 작게 썰어 넣었고요. 이대로 조림유부에 넣어 유부초밥을 만들어도 괜찮겠지요. 초밥에 어울리는 국으로는 된장국도 좋지만 오늘은 양송이와 근대를 넣고 맑은장국을 끓여보았어요.

모양초밥

기본 재료 ★ 오분도미 1컵, 다시마(3×3cm 길이) 1조각, 청주 1큰술, 단촛물(현미식초 2큰술, 황설탕 2/3큰술, 소금 1/2작은술), 물에 씻어 잘게 송송 썬 배추김치 1/3컵, 0.5cm 크기의 네모꼴로 썬 오이 2큰술, 0.5cm 크기의 네모꼴로 썬 당근 2큰술, 말린 표고버섯 1장, 통깨·흑임자 조금씩

씻은 오분도미에 다시마와 말린 표고버섯, 청주를 넣고 1 1/2컵의 물을 부어 밥을 안친다. 단촛물 재료를 냄비에 넣고 한소끔 끓여 식힌다. 오이와 당근은 약간의 소금을 뿌려 물기가 배어나오면 키친타월에 올려 물기를 닦아낸다. 밥이 뜨거울 때 다시마와 표고버섯은 건져내고 밥만 볼에 담아 단촛물을 부어 주걱으로 살살 섞어준다. 건진 다시마와 표고버섯은 잘게 썰어 오이, 당근과 함께 밥에 넣고 주걱으로 섞어준다. 초밥을 컵이나 예쁜 모양 틀에 꼭꼭 눌러 담아 찍어내어 그릇에 담는다.

5-1

5-2

6-2

tip 밥이 뜨거울 때 단촛물을 끼얹어야 맛이 잘 배어요.

양송이맑은장국

기본 재료 ★ 0.3cm 두께로 썬 양송이버섯 4개, 근대 2줄기, 다시마(5×5cm 길이) 1조각, 다진 마늘 1/2작은술, 국간장 1큰술, 소금 조금, 송송 썬 쪽파 2뿌리 분량

근대는 줄기의 끝부분을 꺾으면서 억센 섬유질을 벗겨 손질한 후 3cm 길이로 썬다. 냄비에 다시마를 넣고 물 3 1/2컵을 부어 팔팔 끓여 국물이 우러나면 다시마를 건져내 채 썰어 다시 넣고 근대, 양송이버섯과 함께 넣어 끓인다. 국에 다진 마늘을 넣고 국간장과 소금으로 간을 맞춘 다음 불을 끈 후 쪽파를 넣는다.

tip 근대 대신에 시금치로 끓여도 맛있어요.

SET 29

감자오이두부샌드위치 + 고구마카레수프

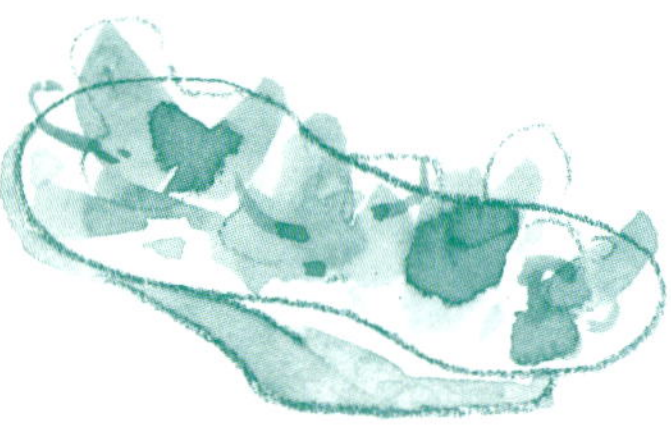

햄이나 치즈를 넣지 않아도 만족감을 주는 샌드위치를 만들고 싶을 때 꼭 두부를 넣곤 합니다. 두부를 데리야키소스에 구우면 햄버거 패티 못지않은 역할을 하거든요. 아이들 또한 짭짤하면서 달콤한 소스에 구운 두부를 잘 먹고요. 이번 샌드위치는 감자를 으깨 오이와 당근을 섞었지만, 간단하게 만들고 싶을 때는 두부를 도톰하게 구운 다음 양상추와 피클, 토마토만 넣어도 맛있답니다. 여기에 카레로 향을 낸 달콤한 고구마수프를 곁들이면 너무 잘 어울리는 식단이 되지요.

감자오이두부샌드위치

기본 재료 ★ 감자 1개, 오이 1/2개, 슬라이스 한 당근 2줄, 두부(부침용) 1모, 데리야키소스(간장 · 청주 · 조청 2큰술씩), 양상추 2장, 엑스트라 버진 올리브유 1큰술, 소금 · 후춧가루 · 녹말가루 조금씩, 오곡 식빵 3장

1 감자는 푹 쪄서 뜨거울 때 껍질을 벗긴 다음 으깬다.

2 오이는 얇게 송송 썰어 약간의 소금에 살짝 절인 뒤 물기를 꼭 짜고, 당근은 곱게 채를 썰어 ①의 감자와 함께 섞고 엑스트라 버진 올리브유와 소금, 후춧가루를 넣어 간을 한다.

3 두부는 1.5cm 두께로 썰어 녹말가루를 고루 묻혀 기름을 넉넉히 두른 팬에서 앞뒤로 노릇노릇하게 굽다가 데리야키소스를 끼얹어가며 조린다.

4 오곡 식빵 한 장 위에 ②를 얹은 다음 다른 한 장으로 덮고 그 위에 양상추와 ③의 조린 두부를 올린 후 다시 식빵으로 덮는다.

5 유산지나 랩으로 ④를 단단하게 싸서 잠시 안정시킨 다음 먹기 좋게 썰어낸다.

tip 두부를 구울 때 바삭하고 노릇노릇하게 충분히 구운 다음 데리야키소스를 끼얹어가며 조려야 맛있어요.

3

4-1

4-2

tip 튀긴 고구마를 올리지 않아도 상관없지만 고구마 칩을 곁들이면 아이들이 좋아해 더 잘 먹는답니다.

고구마카레수프

기본 재료 ★ 호박고구마(큰 것) 1개, 다진 양파 1/4개, 두유 2컵, 카레가루 1/2작은술, 포도씨유 · 소금 · 후춧가루 조금씩

1 냄비에 포도씨유를 두르고 양파가 황갈색이 돌도록 볶는다.
2 호박고구마는 4~5조각만 얇게 저며 곱게 채 썰고 나머지는 찜통에서 푹 찐다.
3 ②의 채 썬 호박고구마를 팬에 기름을 넉넉히 두르고 바삭바삭하게 튀긴다.
4 ①과 ②의 찐 고구마, 두유를 믹서에 넣고 곱게 갈아 다시 냄비에 붓고 카레가루를 푼 뒤 따끈하게 데운 다음 소금, 후춧가루로 간한다.
5 ④의 수프를 그릇에 담고 ③의 튀긴 호박고구마 칩을 얹는다.

SET 30

감태주먹밥
+
단호박청경채국
+
새콤달콤무생채

아이들은 채소 중 고구마나 감자, 단호박과 같은 비교적 칼로리가 높은 채소를 좋아하고 시금치나 피망, 브로콜리, 당근과 같은 칼로리가 낮은 채소를 싫어하는 경향이 있어요. 이것은 아이들 스스로 자신의 생명 유지와 발육에 필요한 칼로리를 채울 수 있는 탄수화물, 단백질, 지방을 찾기 때문입니다. 하지만 시금치나 피망, 브로콜리와 같은 채소를 싫어한다고 해서 편식하는 거라고 치부해서는 안 돼요. 언젠가 필요할 때 먹게 되기 때문이지요. 그보다도 먹어서는 안 되는 인스턴트식품이나 청량음료를 못 먹게 하는 편이 더 중요합니다. 오늘 식단은 아이들이 먹기 좋게 주먹밥을 만들어 향긋한 감태김에 싸보았어요. 달콤한 단호박청경채국과 맵지 않은 무생채도 곁들였답니다.

감태주먹밥

tip 감태는 매생이와 모양과 식감이 비슷한 해조류인데, 향이 좋고 부드러워 아이들이 먹기 좋아요. 감태김은 백화점이나 생협에서 구할 수 있어요.

기본 재료 ★ 감태김 1장, 현미밥 2공기, 묵은지 잎 한 줄기, 매실엑기스 1/2작은술, 참기름 · 깨소금 조금씩

묵은지를 물에 씻어 물기를 짜고 작게 송송 썰어서 매실엑기스와 참기름, 깨소금에 조물조물 무친다. 무친 묵은지를 현미밥과 섞어 주먹밥을 빚고 알맞은 크기로 자른 감태김으로 주먹밥을 감싼다.

1

3

새콤달콤무생채

기본 재료 ★ 무 200g, 당근 50g, a(식초 2큰술, 메이플시럽 1큰술, 건포도 1작은술, 소금 1/4작은술)

1 무와 당근은 껍질째 곱게 채를 썬다.
2 a의 재료는 섞는다.
3 ①과 ②를 섞어 20분 정도 재운다.

tip 극한 음성에너지를 지닌 설탕을 사용하지 않고 메이플시럽으로 단맛을 내요.

단호박청경채국

기본 재료 ★ 단호박 1/8개, 청경채 2개, 다시마표고국물 2컵, 된장 2큰술

단호박은 2~3cm 크기로 깍둑 썰고, 청경채는 3cm 길이와 1cm 너비로 썬다. 다시마표고국물에 된장을 풀어 불에 올리고 단호박도 넣어서 끓인다. 단호박이 어느 정도 익으면 청경채를 넣어 한소끔 더 끓인다.

tip 청경채 대신에 얼갈이를 넣어도 좋아요.

SET 31

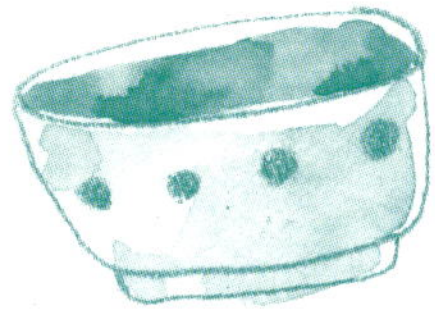

검정콩현미밥 유부초밥 + 미역미소된장국

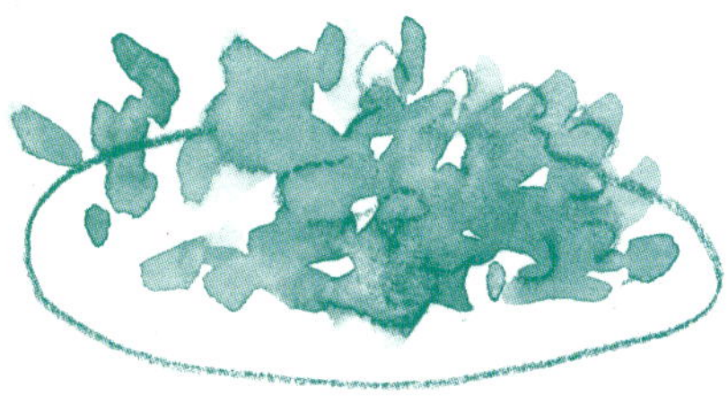

초밥을 만들 때 마크로비오틱에서는 설탕을 사용하지 않고 매실청이나 건포도를 끓여 단맛을 낸 다음 식초와 소금으로 간해 단촛물을 만들어 밥에 섞어요. 오늘은 매실청과 소금으로 유부초밥을 만들어보았어요. 밥을 안칠 때 검정콩을 넣어 지은 콩밥으로 영양을 더했고요. 여기에 일본식 된장국을 곁들였는데, 요즘 시판하는 일본식 된장 중에 화학조미료가 들어 있지 않은 '무첨가 미소'를 어렵지 않게 구할 수 있으니 꼭 사용해보세요.

검정콩현미밥 유부초밥

기본 재료 ★ 현미 1컵, 검정콩 2큰술, 매실청 2큰술, 소금 1/4작은술, 돌미나리 20g, 조미 유부 6장, 간 통깨 조금

1 현미와 검정콩은 찬물에 씻어 3~4시간 불린 다음 함께 밥솥에 안치고 물 1 1/3컵을 부어 밥을 짓는다.

2 매실청과 소금을 섞어 ①의 갓 지은 밥에 끼얹어 주걱으로 살살 섞는다.

3 0.2~0.3cm 길이로 송송 썬 돌미나리 줄기를 ②에 넣어 섞는다.

4 조미 유부는 손바닥으로 눌러 물기를 꼭 짠 후 입구를 벌려 ②의 단촛물밥을 넣어 유부초밥을 만든 다음 위에 간 통깨를 솔솔 뿌린다.

tip 현미와 검정콩을 같이 씻어 분량의 물에 불려 두었다가 그대로 불에 올려 밥을 지으면 편해요.

미역미소된장국

기본 재료 ★ 마른 미역(자른 것) 10g, 팽이버섯 1/3봉지, 돌미나리 조금, 미소(일본 된장) 1 1/2큰술, 물 2 1/2컵

마른 미역은 물에 씻어 불린 다음 물기를 꼭 짜고 팽이버섯과 돌미나리는 1.5cm 길이로 썬다. 냄비에 미역과 팽이버섯을 넣고 팔팔 끓으면 미소를 푼 다음 돌미나리를 넣은 후 불을 끓다.

tip 미소는 꼭 국물이 팔팔 끓은 다음에 풀어서 한소끔만 끓인 뒤 바로 불에서 내려야 맛있어요.

SET 32

단호박을 싼 찰흑미밥 + 콩볶음

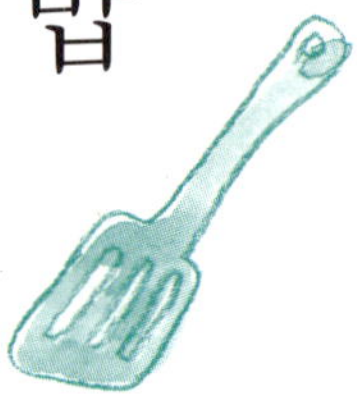

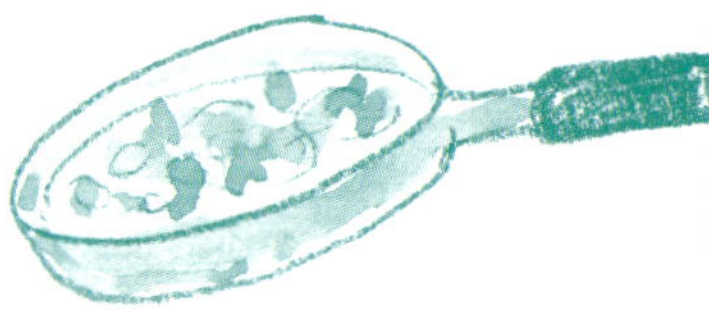

아이에게 주는 간식도 자연의 재료에서 벗어나지 않아야 해요. 되도록 밥이나 떡을 이용한 음식이나 포만감을 주는 감자, 단호박, 고구마, 옥수수, 밤과 같은 채소를 준비합니다. 그래야 다음 식사를 방해하지 않는 순수한 의미의 간식이 될 테니까요. 단호박을 싼 찰흑미밥은 일본 화과자 가운데 '오하기'라는 것이 있는데, 그것에서 착안해 만들어봤어요. 실제 오하기는 단호박이 아니라 팥앙금을 찰밥에 싸지요. 여기에 과자처럼 집어 먹을 수 있는 콩볶음도 소개합니다.

단호박을 싼 찰흑미밥

기본 재료 ★ 흑미 1/4컵, 현미찹쌀 1/4컵, 단호박 60g, 호두 4알, 소금 조금

1 흑미와 현미찹쌀을 같이 씻어 체에 밭쳐 30분 정도 두어 물기를 뺀 다음 물 1/2컵을 부어 밥을 짓는다.

2 단호박은 조그맣게 썰어 푹 찐 다음 뜨거울 때 고루 으깬다.

3 아무것도 두르지 않은 마른 팬을 달군 다음 호두를 넣어 보슬보슬하게 볶아 잘게 다진다.

4 볼에 ②와 ③, 소금을 넣어 섞고 4등분으로 양을 나누어 동글 길쭉하게 모양을 빚는다.

5 손에 물을 묻히고 ①의 찰흑미밥을 손바닥에 펴서 ④의 소를 하나씩 넣고 감싸 모양을 다듬는다.

1,2

4

5

tip 흑미현미찹쌀밥은 너무 질게 지으면 모양을 내기 힘들므로 동량의 물로 짓는 데, 양이 적으므로 냄비에 밥을 안쳐도 돼요.

콩볶음

기본 재료 ★ 볶은 콩(대두 또는 검정콩) 60g, 멥쌀가루 20g, 소금 1/6작은술

바닥이 두꺼운 팬에 볶은 콩을 넣고 중간 불에서 따끈할 정도로만 볶는다. 멥쌀가루에 소금을 넣고 물 2 1/2큰술을 넣어 곱게 갠 다음 볶은 콩이 들어 있는 팬의 가장자리에서 조금씩 돌려가며 붓는다. 이때 콩을 젓가락으로 섞어주면서 눌어붙거나 타지 않도록 주의한다. 콩에 찹쌀옷을 입혀 버무린다는 느낌으로 볶는데, 바삭바삭해지면 불을 끈다.

tip 멥쌀가루 옷을 입힐 때 쉽게 탈 수 있으므로 불을 최대한 약하게 줄인 다음 콩에 전체적으로 잘 버무려지도록 하세요.

SET 33

현미검정콩밥 양배추부침개 + 당근사과소이주스

떡집에서 맞춘 현미인절미를 냉동실에 넣어두었다 바쁠 때 아침 식사 대용이나 혹은 아이들 간식으로 내어주면 좋습니다. 현미인절미 1말을 주문할 때 절반 분량에는 쑥을 넣어 달라고 하면 하얀 인절미와 쑥인절미 두 가지를 준비할 수 있지요. 떡집에 주문할 때는 쌀을 너무 많이 불리지 않고 조금만 불려서 수분기가 적은 떡을 만들어 달라고 하는 게 좋아요. 인절미를 구워 먹을 때 너무 퍼져버리면 팬에 들러붙고 맛이 없으니까요. 인절미의 수분기가 적어야 팬이나 오븐에서 구워먹기 편하더라고요. 오늘 아이들 식단으로 내어놓은 현미검정콩밥 양배추부침개는 찬밥을 알차게 활용할 수 있는 간식입니다. 음료는 물이나 보리차가 최고이지만 조금 특별하게 당근과 사과의 영양을 더한 두유를 만들어보았습니다.

현미검정콩밥 양배추부침개

기본 재료 ★ 현미검정콩밥 1공기, 양배추(잎)1~2장, 물 1/2컵, 우리밀 밀가루 3큰술, 소금·후춧가루·현미유 조금씩

양배추는 4~5cm 길이로 채 썬다. 현미검정콩밥을 볼에 넣고 물을 부어 잘 푼 다음 채 썬 양배추와 우리밀 밀가루를 넣고 소금과 후춧가루로 간한다. 달군 팬에 현미유를 두르고 반죽을 한순가락씩 떠서 둥글납작하게 올린 다음 앞뒤로 노릇노릇하게 지져낸다.

당근사과소이주스

기본 재료 ★ 당근 1/2개, 사과 1/2개, 대두 1/2컵, 소금 조금

대두는 씻어서 물에 충분히 불린 다음 냄비에 담고 콩이 잠길 만큼의 물을 부어 소금을 넣고 삶는다. 너무 오래 삶으면 메주 냄새가 나므로 팔팔 끓기 시작한 후 3분이 지나면 불을 끄고, 뚜껑을 덮은 상태에서 5분가량 뜸을 들인다. 삶은 물은 따로 받아 식힌다. 당근과 사과, 삶은 대두와 삶은 물 1컵을 믹서에 모두 넣고 간 다음 고운 면포에 밭친다.

tip 휴럼주서기를 사용하면 간편해요.

마크로비오틱 현미밥 맛있게 짓기

쌀을 씻을 때 건조한 현미가 만나는 첫물은 물의 흡수가 빠르기 때문에 생수로 씻는 것이 좋아요. 물을 붓고 저어준 뒤 가만히 두면 잡티가 떠오르는데 이때 첫물을 버립니다. 첫물은 생수, 그다음에는 수돗물로 서너 차례 물을 바꿔가며 헹궈주세요. 쌀눈이 떨어지지 않도록 박박 문지르지 않고 손가락을 펴서 살살 저어가며 헹궈야 해요. 압력솥으로 밥을 지을 경우에는 현미를 따로 불릴 필요 없이 현미 양보다 1.3배의 물을 붓고 지으면 돼요. 물의 양은 자신의 입맛에 맞는 양으로 맞추세요.

현미밥을 지을 때 약간의 소금을 넣으면 더욱 맛있는데 소금의 양은 몸 상태에 따라서 몸을 느슨하게 풀어주고 싶을 때는 적게, 몸을 탄탄하게 조이고 싶을 때는 좀 더 넣으면 돼요. 한편 자연의 에너지를 달 기준으로 잡았을 때 초순에는 중간 사진(3작은술), 중순에는 아래 사진(1작은술)이 적당하고 맨위 사진은 1/2작은술 분량이에요. 압력솥에 밥을 지을 때는 압력이 완전히 차서 솥의 추가 올라올 때까지 센 불에서 끓이다가 압력이 차서 솥에서 소리가 나면 불을 약하게 줄여 20분 더 가열하세요. 그런 다음 불에서 내려 압력이 빠질 때까지 뜸을 들인 후 뚜껑을 열고 주걱으로 섞어주세요.

마크로비오틱에서 사용하는 그릇은

마크로비오틱에서 사용하는 냄비와 프라이팬의 재질은 스테인리스스틸 재질이나 토기가 좋아요. 제가 애용하는 샐러드 마스타 냄비와 프라이팬 시리즈예요.

마크로비오틱 채소 썰기

당근 썰기

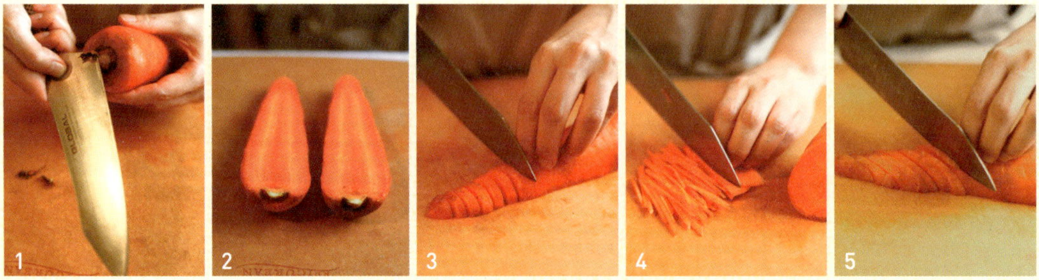

1 당근은 껍질을 벗기지 않고 솔로 깨끗하게 문질러 씻은 다음 밑동 부분의 둥근 가장자리의 지저분한 곳만 칼 모서리를 이용해서 긁어내 손질해 버리는 부분을 최소화한다.
2 사용할 양만큼 나누는 데 음(밑동)과 양(뿌리 쪽)을 고르게 섭취할 수 있도록 세로로 반을 가른다.
3 요리 용도에 따라 반달썰기 한다.
4 채를 썰 때는 얇게 어슷 썬 다음 다시 겹쳐 채를 썬다.
5 요리 용도에 따라 다른 당근 어슷 반달 썰기.

대파 썰기

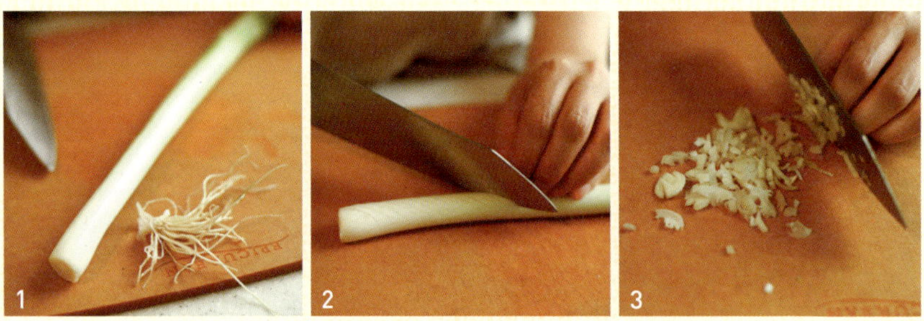

1 대파는 최대한 뿌리 부분만 자른 다음 뿌리도 깨끗이 씻어 요리에 사용한다. 뿌리 속에 깊게 박혀 있는 흙은 물에 불린 후 칫솔을 이용하거나 손톱으로 살살 긁어내면 잘 씻긴다.
2 대파 줄기에 먼저 칼집을 어슷하게 넣는다.
3 대파를 얇게 송송 썰면 대파가 잘게 썰어진다. 그런 다음 용도에 따라 더욱 곱게 다진다.

양파 썰기

1 양파는 얇은 노란 겉 껍질만 벗겨내고 뿌리와 줄기 쪽을 조금만 떼어내 버리는 부분을 최소화한다.

2 양파를 나누어 썰 때는 뿌리 쪽(양)과 줄기 쪽(음)이 고루 들어갈 수 있도록 부채꼴 형태로 나눈 다음 용도에 맞춰 썬다. 이 방법은 양파의 섬유질을 거스르지 않고 썰기 때문에 양파를 썰 때 눈이 맵지 않아 좋다.

브로콜리 썰기

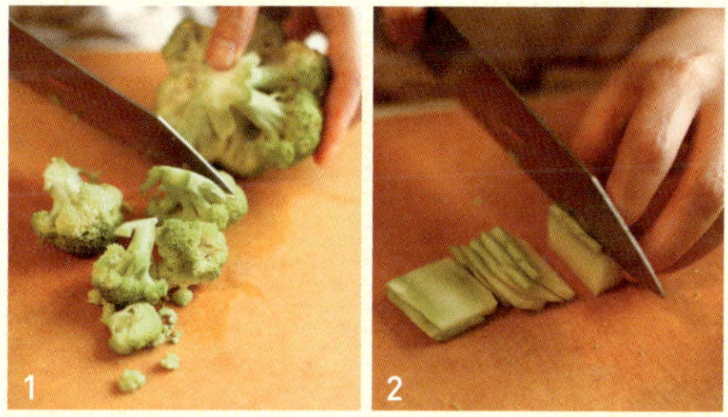

1 브로콜리는 송이와 밑동을 나누어 썬 다음 송이는 먹기 좋은 크기로 나눈다.

2 브로콜리의 밑동은 버리지 않고 표면의 거친 섬유질만 벗겨내고 납작하게 썰어 사용한다.

우엉 썰기

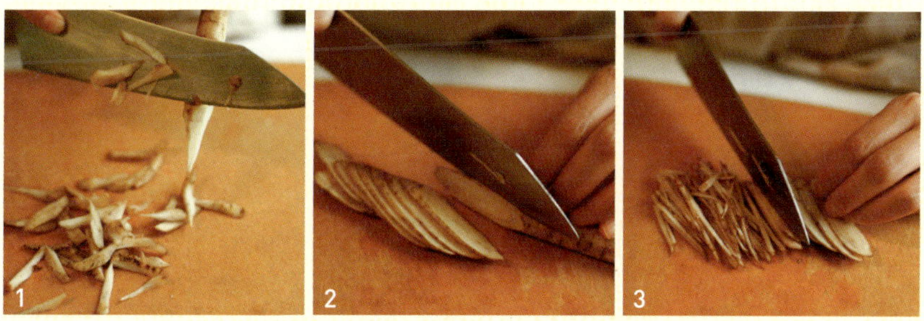

1 우엉은 솔로 문질러서 껍질을 깨끗하게 씻은 다음 연필을 깎듯이 칼로 빗겨 썰 수 있는데 볶음이나 조림에 잘 어울린다.

2 우엉을 얇게 어슷 썬다.

3 어슷 썬 것을 겹친 다음 곱게 채를 썰면 부드럽게 먹을 수 있다.

부록

채소밭피자와 샐러드피자 만들기를 위한 도 만들기 (지름 23~25cm 크기 2장 분량)

기본 재료 ★ 강력분 110g, 박력분 40g, 소금 3g, 설탕 3g, 물(체온 정도의 물) 90cc, 드라이이스트 3g, 올리브유 1작은술

1 볼에 강력분과 박력분을 한데 체에 내린 다음 소금과 설탕을 넣는다.

2 미지근한 물에 드라이이스트를 풀어 ①에 넣고 손으로 한 덩어리가 되도록 고루 치대 반죽한다.

3 ②를 나무 도마 위에 올린 다음 손으로 밀었다 접었다 하는 동작을 반복하며 약 10분 정도 더 치댄 다음 반죽을 둥글려 모양을 정돈한다.

4 스틸 볼에 기름을 얇게 펴 바르고 ③의 반죽 덩어리를 담아 랩을 씌워 따뜻한 곳(32~40℃)에서 반죽이 두 배 정도로 부풀 때까지 1차 발효한다.

5 ④를 나무 도마 위에 꺼내어 손바닥으로 눌러 가스를 빼고 덩어리를 반으로 나누어 각각 동그랗게 둥글린 다음 랩을 씌워 따뜻한 곳에서 40분 정도 2차 발효한다.

6 ⑤를 나무 도마 위에서 밀대로 밀거나 양손으로 늘려가며 민 후 피자 소스를 바른 다음 토핑을 얹어 구우면 된다.

1

2

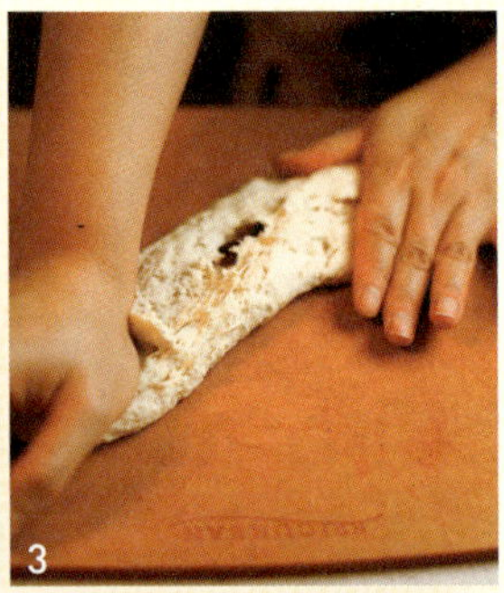
3

4

4-2

5

맛간장 만들기

기본 재료 ★ 진간장 1 1/2컵, 물 4컵, 청주 1/2컵, 다시마(10×10cm 길이) 1조각, 말린 표고버섯 4장, 양파(껍질째) 1개, 대파(잎 부분) 2~3대 분량, 생강 1톨

냄비에 물과 진간장, 청주를 뺀 모든 재료를 넣고 푹 끓여 밑국물을 우린 다음, 양파가 푹 물러져 국물에 노랗게 우러나면 진간장과 청주를 넣은 다음 한소끔 더 끓여 간장물을 체에 밭는다(이 때의 양은 약 700cc). 그런 다음 간장물을 다시 냄비에 넣고 간장물의 양이 약 2/3 정도로 될 때까지 조린다(약 450cc).

마크로비오틱 집밥에서 사용하는 식품들

식초

원재료를 잘 살펴서 쌀이나 과일 원액, 정제수 외 들어 있지 않은 것을 사용하세요. 저는 감 원액으로 발효해 만든 감식초나 순쌀로 발효 숙성한 쌀 식초, 포도를 발효해서 만든 발사믹 식초, 또는 흑초를 사용합니다.

감미료

음식의 단맛을 내는 감미료는 가급적 유기농 황설탕을 사용하고, 설탕이 들어 있지 않은 물엿, 올리고당, 아가베시럽, 메이플 시럽이나 꿀을 사용하세요.

소금

소금은 우리나라에서 생산한 미네랄이 많이 들어 있는 천일염을 사용할 것을 권합니다.

오일

튀김, 볶음, 부침용등 많은 양의 기름이 필요하거나 열을 가해야 하는 경우에는 퓨어 올리브유나 포도씨유를 사용하고, 채소를 살짝 볶을 때는 카놀라유나 현미유를, 드레싱이나 양념장 등 생으로 먹을 때는 엑스트라버진올리브유나 호두유, 들기름을 사용하는 게 좋아요. 참기름은 처음부터 향을 내는 볶음 요리나 마지막에 향과 맛을 돋을 때 사용합니다.

가루류

밀가루, 부침가루, 튀김가루 등은 100% 우리밀과 통밀가루를 사용합니다.